U0947508

明、清、民國時期珍稀老北京話歷史文獻整理與研究

兒女英雄傳評話（初印本）㈠

主　編　周建設

副主編　于潤琦　馮　蒸

首都師範大學出版社
CAPITAL NORMAL UNIVERSITY PRESS

圖書在版編目(CIP)數據

兒女英雄傳評話：初印本：全6冊／周建設主編.
—北京：首都師範大學出版社，2014.8
（明、清、民國時期珍稀老北京話歷史文獻整理與研究）
ISBN 978－7－5656－2032－4

Ⅰ.①兒… Ⅱ.①周… Ⅲ.①北京話－文獻－匯編－
中國 Ⅳ.①H172.1

中國版本圖書館 CIP 數據核字(2014)第 181467 號

兒女英雄傳評話(初印本)㈠
周建設◎主編
責任編輯:趙自然　封面設計:劉銀霜
首都師範大學出版社出版
(北京西三環北路 105 號　郵政編碼 100048)
(1)68418523(總編室)68982468(發行部)
(2)www.cnupn.com.cn
全國新華書店發行
湘潭市風帆印務有限公司印刷
710mm×1000mm　1/16　印張:29.5
2014 年 8 月第 1 版
2014 年 8 月第 1 次印刷
印數 1－3000
ISBN　978－7－5656－2032－4
定價:516.00 元

出版説明

北京是千年古都，在其歷史發展過程中，融合了多民族的文化習俗，尤其在語言方面，形成了極富特色的京腔、京韵，是北京文化中不可或缺的部分。隨着時代發展，人口流動頻繁，語言交互影響，老北京話中的精粹如京味兒小説、民謡童謡、方音字彙等，日漸淡出，已趨消亡之勢。

爲了更好地挖掘、保護和研究老北京話這一珍貴非物質文化遺産，首都師範大學北京話研究中心啓動了《明、清、民國時期珍稀老北京話歷史文獻整理與研究》項目。本項目是國家社科基金重點項目（編號：10AYY005）『三百年來北京話的歷史演變和現狀研究』、北京市社科重點項目（編號：12WYA002）『北京話的歷史與現狀研究』的學術成果，受到多方關注，同時得到了國家出版基金資助，及北京市教委科研基地建設項目、首都師範大學文化研究院的支持。該項目以對明、清、民國時期珍稀老北京話歷史文獻的整理與研究爲主要目的，并將之集結成册。本套叢書的編輯出版以『調查、整理、傳承、研究』爲基本方針，分小説、音韵、歌謡三大部分。編纂工作繁難復雜，兹將有關事宜略述如次：

一、小説部分。以明、清、民國時期京味兒小説爲主，涵蓋損公、徐劍膽、冷佛、文康等人的代表作品，主要介紹當時北京社會生活狀態、風俗文化、人情世故，同時保留了當時的北京話，反映了北京話的歷史變化。

二、音韵部分。包括記録明、清、民國時期北京語音的《音韵逢源》《京音字彙》和《南北方音》等韵書、字典。

三、歌謡部分。包括《一歲賀聲》《孺子歌圖》和《一八九六歌謡》等歌謡、吆喝。

四、每種圖書均由今人撰寫導讀一篇，主要簡述原作者生平、成書過程，該書思想内容、語言特色、學術價值、版本源流等，采用繁體竪排形式，置於該圖書之前，一并出版。爲方便閲讀，導讀中所引原書部分均進行標點。

五、本套書全部據原書影印出版。有些資料因年代久遠，珍貴難尋，或有個别頁碼缺失、字迹脱落現象，實難求全，謹以歷史文獻原貌呈現。

六、在部分圖書中，後来學者直接在書上作了校勘或標注，影印出版時亦予保留，以存原貌。

七、爲方便閱讀，保留了原書的扉頁、版權頁等。又每册之首均新編了目録，以便檢閲。

八、因當時印刷技術所限或人爲抄寫等原因，原書中會出現錯、脱、衍、乙字等情况，請注意辨别。

《明、清、民國時期珍稀老北京話歷史文獻整理與研究》文獻卷帙浩繁，時間倉促，難免出現缺失疏漏，誠望社會各界批評指正。

二〇一四年六月

編　者

目録

《兒女英雄傳》鈔本和初刻本評介

馮 蒸

本文基本上根據彌松頤先生（原題爾弓）的《兒女英雄傳·後記》（齊魯書社，一九八九年版）删繁就簡而成。彌松頤先生是《兒女英雄傳》研究的權威。下文的介紹如果有誤，則責在筆者。

下面分三部分來談：一、關於作者；二、對本書的一點兒認識；三、關於版本與語言校釋説明。

一、關於作者

《兒女英雄傳》題『燕北閑人』撰，實即滿洲人文康。其生平仕履，從現有的典籍中查考，直接的記載不是很多。過去的研究者向舉《八旗文經》《長白藝文志》《八旗藝文編目》諸作[①]，其實這些載録大都源於光緒四年馬從善爲《兒女英雄傳》所寫的序文。馬序謂：

《兒女英雄傳》一書，文鐵仙先生康所作也。先生爲故大學士勒文襄公保次孫，以貲爲理藩院郎中，出爲郡守，洊擢觀察，丁優旋里，特起爲駐藏大臣，以疾不果行，遂卒於家。先生少襲家世餘蔭，門第之盛，無有倫比。晚年諸子不肖，家道中落，先時遺物斥賣略盡。先生塊處一室，筆墨之外無長物，故著此書以自遣。

馬從善久在文康家作館，其説大致可信。

文康是道、咸間著名的大學士文慶（孔修）的堂弟（詳見世系表）。文慶生於嘉慶元年（一七九六），卒於咸豐六年（一八五六），故知文康生於嘉慶元年（一七九六）

① 《八旗文經》卷五十九附楊鍾羲《作者考》丙：『文康，字鐵仙，勒保孫，歷官理藩院員外郎、安徽徽州府知府、駐藏大臣。』《雪橋詩語》卷十一：『文康鐵仙爲費莫文襄公孫，孔修相國弟。由潁州府爲駐藏大臣，非其志也，拂都牢騷，窮老無俚，至爲章回小説以寄意，然文字甚工，其《史梅叔詩序》尤佳。』《長白藝文志》小説部：『《兒女英雄傳》，文康編，字鐵仙，一字悔庵，勒保之孫。由理藩院員外郎歷官理藩院員外郎，安徽徽州府知府，駐藏大臣。因致仕家居，群公子耗貲敗産無聊而編著。』《八旗藝文編目》子類稗説：『《兒女英雄傳》，滿洲文康著。文康字鐵仙，氏費莫，隸鑲紅旗。由理藩院郎中出爲徽州知府，洊擢監司，授駐藏辦事大臣，未赴任。勒保孫。』

以後。日本太田辰夫教授推斷其生年爲嘉慶三年（一七九八）①。

文康以費莫氏鑲紅旗籍人，不由科第進取，出資捐納，爲管理蒙古、新疆、西藏少數民族地區實物的部級機構——理藩院員外郎（副郎），其時正值青春年少，時間也就在嘉慶末、道光初間。

在文康手編、作序，并於道光十五年（一八三五）刊刻的《史梅叔詩選》中（史與文康爲忘年交，與文康堂兄文齡、文慶亦相友善），有一首史梅叔贈文康的七言古詩《理藩院文副郎康》，描繪了文康出仕理藩院時的年輕華彩：

忽如玉鏡掄清輝，照人朗朗生顏色；君真豪俊有異才，不獨天姿世難得。……羡君好青春，聲名日嶙峋。羅刹番王動文采，蒙古部落驚精神。雲霄如此那可量，爲君多置壺中釀；醉眼飽看君騫騰，使我飄蓬亦心暢。

此中并不排除有些溢美之詞，但由『玉鏡清輝』『朗朗顏色』『好青春』諸句看，正是人當年少、尤在春時的樣子。史梅叔與文康的交往，是從『比鄰三四年，時來見君叔』開始的（不知所覲者是文康的哪一位叔父，也許是英綏）。『旁窺爽骨鳳能言，近接

①《〈兒女英雄傳〉雜考》，原載日本《神户外大論叢》第二十五卷第三號，一九七四年。中譯文載《滿族文學研究》一九八二年第二期，白希智譯。嘉慶三年（一七九八）是戊午年，因文康愛馬，又善於畫馬（見《雪橋詩話・餘集》卷七），小說中的安公子是午年所生，名驥，字千里，號龍媒，這都是與馬有關係的。

心鷹有蓄』，明顯是年長者觀少者、并與之言談的情景；『身羨君好青春』『雲霄如此那可量』，更是對青年文康的勉掖之詞。而且，清代滿員蔭生年及二十歲，即可用爲各部員外郎。在這首詩裏，文副郎的青春華彩，灼灼可見。

文康在理藩院的年代及任職情況，過去未見有人道及。光緒三十四年刊印的《欽定理藩院則例》，爲我們提供了一些綫索：

《欽定理藩院則例·原奏》道光三年十二月十三日奏摺：『……六部等衙門《則例》，向係十年纂輯一次。臣院於嘉慶十六年奏請開館纂輯《則例》，告成後迄今已逾十二年，所有嘉慶十六年以後欽奉諭旨。及各大臣陸續條奏，並臣院酌改章程，一概未經纂入頒行；且近來蒙古案件較前實屬增繁，而現在奉行事宜更多。今昔情形不同之處，往往無例可遵，多繫援引稿案伏思。例未明備，意見難免參差；律無專條，定案易滋輕重。臣等請將自嘉慶十六年以後各案，應行纂入者，增修纂入；應行删改者，酌加删改。務期縷晰條分，詳酌確定，以昭法守，而清弊端。』

同摺還奏明了續修《則例》官員：

至承辦《則例》官員，臣院於司員内揀選得員外郎椿年、桂芬、承光，俾司提調；員外郎文康、候補主事音德布，俾司總纂，責成辦理。

《欽定理藩院則例·官銜》說：『續修《則例》理藩院堂官：……續修《則例》提調官：郎中臣椿年，郎中臣松傑，員外郎臣文康；續修《則例》總纂官：員外郎臣文康，員外郎臣音德布。』

此次續修工作，於道光五年蕆事。故知文康道光三年至五年（一八二三—一八二五）在理藩院任員外郎（即史梅叔詩中所稱的『副郎』），并作爲『提調官』和『總纂官』參與續修《理藩院則例》。《理藩院則例》自乾隆五十六年『校訂』以來，在嘉慶十六年，道光三年至五年、十九年至二十二年，光緒十六年，先後增修四次。在道光十九年至二十二年（一八三九—一八四二）的這一次續修時，文康又以『郎中上行走』的官銜，擔任了『提調官』和『總勘官』（均見《欽定理藩院則例·官銜》）。由此可知，文康在理藩院，曾兩次參與續修《則例》，前後時間相距幾近二十年，其在理藩院任職的時間是很長的。

清代京官俸薄，郎中都希望外放道府，而六部郎中須經過一定年限，得到京察記名，方可外放道府。當文康在理藩院第二次續修《則例》時，他的官銜全稱是『郎中上行走』，昇任直隸天津兵備道』。由此可知，文康還任過直屬六道之一的天津兵備道。這大概就是馬從善在《兒女英雄傳序》中所説的『觀察』了（『觀察』是對道員的尊稱。《八旗藝文編目》謂文康『監司』，則是簡稱）。同治《續天津縣志》和光緒《天津府志》的《職官表》内，都記載『滿洲鑲紅旗人』文康，道光二十二年至二十三年（一八四二—一八四三），任『分巡天津河間兵備道』。

此兵備道的職守是『管轄河間天津二府十八州縣錢穀刑名，兼管河務』（《天津府誌》）。文康做過監管河務的道臺，那麽，他在《兒女英雄傳》第二回『沐皇恩特授河工令』裏，對何工的修治利弊情形，瞭如指掌，也就不足奇怪了。

文康係由理藩院郎中昇任天津兵備道，并非如馬從善所説，由理藩院郎中『出爲郡守，洊擢觀察』；或如《八旗藝文編目》所説，『由理藩院郎中，出爲徽州知府』；或如《雪橋詩話》所説，『由潁州府爲駐藏大臣』。這裏的『郡守』『知府』，似指同一事，但文康任徽州知府、潁州知府，不見官書記載。倒是在光緒《安徽通志》《鳳陽府誌》上，看到文康於咸豐元年至三年（一八五一—一八五三），任安徽鳳陽府通判（咸豐四年通判是滿洲監生瑞文）。通判是知府的佐官，三府，此或許就是前邊所云之『郡守』『知府』，後人作傳時給昇了級，而又顛倒了年份。此時距其天津道臺之任，已逾八載。通判的品位比道臺低了好幾級，不知文康因何降職。

文康任駐藏辦事大臣，馬從善言之鑿鑿，似乎確有其事。筆者囿於官私載籍閲之不多，未能找到具體年月及任職情况。近時購得錢實甫先生編著《清代官職年表》四巨册（一九八〇年中華局出版），其第四册《駐藏大臣年表》内，載有文康於道光二十六年丙午（一八四六），以理藩院員外郎出任駐藏幫辦大臣。其前任爲鐵保之子、滿洲正黄旗人瑞元。道光二十六年四月庚戌二十五日改科布多參贊，其後任爲穆騰額。道光二十六年六月甲子十一日，以户部郎中任。文康只在是年四至六月間任職，但又以『病免』未赴。馬從善所説的『特起爲駐藏大臣，以疾不果行』，從這裏可以找到依據。

但是其未赴任的原因，恐怕是『托疾』，而非真病。大概也像安龍媒不願意去外蒙古的烏里雅蘇臺一樣，嫌西藏這個地方太苦了。不然的話，爲什麽四年以後的咸豐元年（一八五一），爲了一個鳳陽通判，他又跑到遠離北京的安徽去呢！

據日本太田辰夫教授查考，同治四年（一八六五）四川《榮昌縣誌》爲文康編著。光緒十年（一八八四）增補本《榮昌縣誌》中，有按照文康親筆臨摹的自序，結尾處刻有：『時同治四年乙丑仲夏朔，同知銜知重慶府榮昌縣事，渤海文康晋三氏序。』卷九『職官』中『知縣』項下：『文康，漢軍鑲紅旗，監生，同治二年任，見「政績」。』卷九『政績』：『文康，號晋三，聽段明敏，纂修邑乘，詳定書役章程，以杜需索，酌議三費條規，將解命盜相驗馬夫之用，續增二十一條，以垂久遠。士民感之，爲之建坊勒碑。』文康於同治二年任榮昌縣知縣，鳴謙於同治五年（一八六六）繼任，故知文康在任三年。太田辰夫先生認爲，這些記載雖與已引用過的記録有些出入（如旗籍，監生），但不能認爲是同名異人，而就是《兒女英雄傳》的作者文康。由是亦可推知文康的卒年，在同治五年（一八六六）以後（這時候已經六十七八，接近七十歲了），而且還要等到這位五品知縣搬回北京，家道中落，至『筆墨之外無長物』的境地，著書自遣，把《兒女英雄傳》寫完，或者是没有寫完，纔能死去，活了大概有七十多歲。

綜上所述，文康的簡歷大致可作如下以表：

嘉慶初（或謂三年，一七九八）　出生

道光三年至五年（一八二三—一八二五）　任理藩院員外郎（副郎），以『提調官』『總纂官』續修《則例》

道光十五年（一八三五）　編刊《史梅叔詩選》

道光十九年至二十二年（一八三九—一八四二）　任理藩院郎中以『提調官』『總勘官』續修《則例》

道光二十年至二十三年（一八四二—一八四三）　任分巡天津河間兵備道

道光二十六年（一八四六）　任駐藏幫辦大臣，病免

咸豐元年至三年（一八五一—一八五三）　任安徽鳳陽通判

同治二年至五年（一八六三—一八六六）　任四川榮長治縣

晚年『重遭窮餓』，撰作《兒女英雄傳》

光緒三年（一八七七）　馬從善知文康去逝，故宅『久已易主』

關於文康的家世，我們可以有一些正史、方誌、譜系、年表、札記以及朋友詩文中，得到比其生平稍多的一些瞭解。

文康的家庭，可謂『貴顯』，稱得上是『簪纓門第，鼎盛之家』，其顯赫程度，較之前輩曹公雪芹，亦有容之而無不及。從有史籍可徵的五世祖溫達算起，直到他的曾祖溫福、祖父勒保，以及伯叔、兄弟輩，在有清一代，爲將封侯，總督巡撫，代不乏人。他家曾有一印，銘曰『三代四大學士之家』（《道咸以來朝野雜記》）。這個家族，以軍功起家，從康、雍至道、咸，百數年間，幾代人都爲清王朝的『靖邊』和鎮壓川、鄂、陝白蓮教起義、雲貴苗民起義，出過鼎力（書中的長姐兒，就是分賞爲奴的苗民子女），皇帝恩寵『眷倚不衰』（《清史稿》語）。

對於文康家事的考究，五十年前，孫子書（楷第）先生，曾列出過一份世系表，登在了當時的《國立北平圖書館館刊》第四卷第六號上（一九三〇）。今據有關材料，對此表酌加補充，列於後，并對表中人物作一簡要介紹。

今所見考證文康家世的文章著作，最早僅列到曾祖温福，再加幾代，即不再查考。其實，還可以溯到温福的祖父、亦即文康的五世祖大學士温達。

嚴懋功著《清代征獻類編》五種之一《清代宰輔年表》卷之二，乾隆三十六年辛卯，大學士温福名下注：『姓費莫氏，滿洲鑲黄（紅）旗人，温達孫，翻譯舉人。』同書卷《之一》康熙四十六年丁亥，温達名下注：『十二月由吏部尚書授文華殿大學士，姓費莫氏，滿洲鑲紅旗人，筆帖式。』同書《附録》之《佳話録》：『滿臣祖孫父子三世大拜者：温達，温福，勒保。』據《清史列傳》，温達以筆貼式授都察院都事，户部員外郎。歷任陝西道御史、户部侍郎、吏部尚書。康熙三十五年，隨駕征葛爾丹，管理鑲黄旗大營；四十六年授文華殿大學士；五十四年（一七一五）卒。著有《親征平定朔漠方略》。

若依《八旗滿洲氏族通譜》再往上推，還可以追溯到温達的祖父瑚爾漢、父瑚世禮，但是這對於作《兒女英雄傳》的文康來説，似乎已經没有什麽意義了。

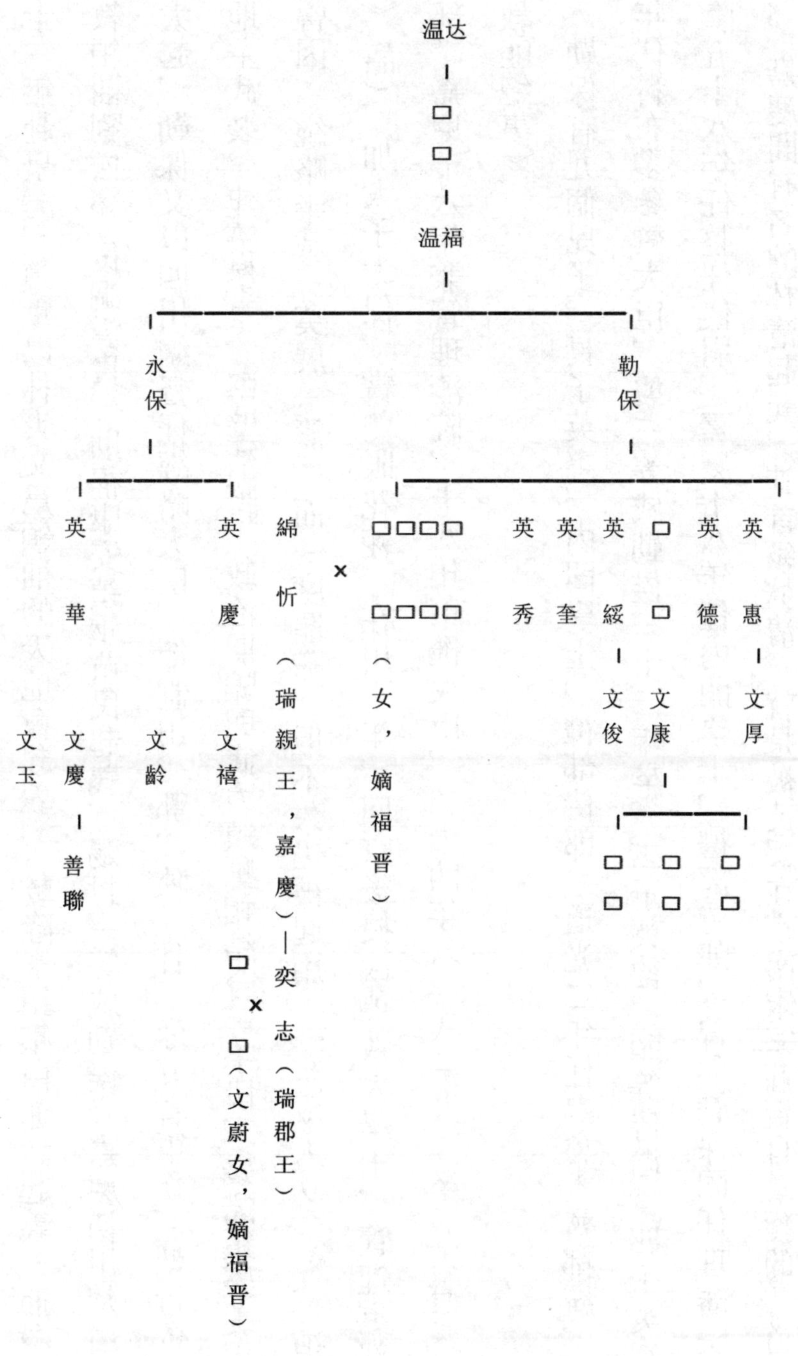

高祖未詳。

曾祖温福，翻譯舉人，雍正六年補兵部筆帖式，乾隆十四年任貴州布政使。曾因辦案草率，發往烏里雅蘇臺效力贖罪。歷任福建巡撫、吏部侍郎、理藩院尚書、工部尚書。

乾隆三十七年以定邊將軍挣金川，授武英殿大學士，三十八年（一七七三）卒於軍。北京的孔廟裏（現首都博物館館址），就赫然立有記載温福軍功的巨石御碑。

祖勒保，字宜軒，監生，以筆帖式充軍機章京，歷任陝甘、雲貴、兩江總督。乾隆五十一年赴臺灣，鎮壓以林爽文爲領袖的天地會起義；乾隆末鎮壓白蓮教起義，捕殺白蓮教領袖劉松；後調雲貴，助福康安鎮壓苗民起義，賜封一等威勤侯。嘉慶初川楚白蓮教大起，勒保又以四川總督任經略大臣，節制川、鄂、陝、甘、豫五省軍務，執行依靠地地主武裝、建築堡寨、堅壁清野、政治欺騙與武力鎮壓相結合等手段，殘酷鎮壓義軍。雖曾因『經略半載，莫展一籌』而一度罷職，但不久仍被起用，『卒成大功』（《清史稿》語），加太子太保，賞雙眼花翎。在川十年，回京後授武英殿大學士，管理吏部、兵部。嘉慶十六年兼管理藩院，十八年軍機大臣，二十四年（一八一九）卒。著有《平定教匪紀事》。

勒保有九個兒子。長子英惠，内閣學士、禮部侍郎，道光二年任烏魯木齊都統，十一年任科布多參贊大臣，襲三等威勤侯，十二年卒。二子英德，頭等侍衛。四子英綏，乾隆五十八年任整任儀尉，嘉慶十八年任内閣學士、禮部侍郎，曾與勒保同任理藩院堂官；嘉慶間有名的林清起義，其首領林清，就是被英綏在京南宋家莊親自拿獲的，道光二十年卒。五子英奎，吏部郎中。六子英秀，廣西慶遠知府。

勒保還有一女，奉旨嫁給嘉慶皇帝四子瑞親王綿忻，爲嫡福晋，咸豐三年薨（時文康尚在安徽鳳陽通判任上）。《清史稿》卷三四四《勒保傳》謂皇四子瑞親王娶其女。（按，皇四子應爲瑞懷親王，不是瑞親王）。同書卷二二一《諸王傳》七：『瑞懷親王綿忻，仁宗第四子，嘉慶二十四年封瑞親王……（王薨）賜綿忻福晋郡王半俸，咸豐三年福晋薨。』此福晋即勒保之女、文康之姑。《滿洲帝室譜系本末》（鈔本）載：和碩瑞懷親王綿忻『嘉慶十年乙丑三月初九日子時，孝和睿皇后鈕鈷禄氏承恩公阿拉之女所出。……道光八年戊子八月十九日巳時薨，年二十四歲，謚曰懷。嫡福晋費莫氏，一等侯勒保之女』。崇彝《道咸以來朝野雜記》：『仁宗皇帝生五子，……皇四子綿忻，封瑞王，府在西直門内翠花街，焚於庚子之變。』『瑞王之爵，以其子奕志襲郡王。（按，爲側福晋徐佳氏所出，故知勒保女無子。奕志嫡福晋，又爲文康族兄盛京兵部侍郎文蔚女。）志故無子，以奕志次子再漪襲貝勒，後封瑞王，聞係當時筆誤也。庚子年以禍首革，今在洵（醇王子）所襲，即其爵也。』

文康是勒保九子中的哪一支，尚不得知。

在文康的兄弟行中，文厚（英惠子）嗣爵。文俊（英綏子），字秋仙，監生，道光二十六年任直隸按察使（文康則先其四年，於道光二十二年任直隸六道之一的天津河間兵備道，在官場上，兄弟二人可以説是先後同僚。文俊宅在香兒胡同，又與文康比鄰）、奉天府尹；咸豐二年任喀喇沙爾辦事大臣、川陝按察使、山西左副都統、江西巡撫，十年，任西寧辦事大臣。

文康至少有三子，史誌無載，見史梅叔五言古詩『朔謁太學歸，便過文郎中康宅歡飲，爲短歌留之』：①

……如何濟世才，子亦埋没久？酒至勿更言，回頭見奔走。嬌嬌三驥子，殷勤各來厚；争出新詩篇，狂呼驚魯叟。

這些會作詩的嬌嬌驥子，到了文康晚年，却都變得『不肖』起來，直落得『著書自遣』的文康，不時在書中感嘆：『倘然我説書的果然也有個會試的兒子，却叫我合他講些什麽來！』（第三十八回）

文康的叔祖永保，乾隆四十七年任直隸布政使、按察使；四十七年職務是一年貴州

① 據《道咸以來朝野雜記》，文康宅在京師安定門内國子監迤南之土兒胡同，與太學僅隔里許，所以史梅叔從太學回來，能路過文康宅，與之歡飲。土兒胡同是今交道口南大街北口路東的一條胡同，光緒四年（一八七八）馬從善來京師，曾『訪其故宅』於此，但『久已易主』。今土兒胡同内，仍有幾處頗具規模的宅邸，但不知何處爲文康所居。又文俊宅在土兒胡同迤南之香兒胡同（今香餌胡同，香兒胡同舊京有三，均在正陽門、宣武門外，緣旗人少居外城，故均非此）。文慶宅在十景花園路南（今什錦花園），文氏昆仲宅均相距不遠。書中安老爺給何玉鳳『買廟』，選址汪芝麻胡同，安老爺城内宅在後門東步量橋，均屬東城，與文康宅鄰近。

巡撫、陝甘總督；乾隆末，任喀爾喀什參贊大臣、烏魯木齊都統；嘉慶初，奉詔總統湖北諸軍，鎮壓白蓮教起義，以『調度協宜』加太子太保；後入陝西任巡撫、烏里雅蘇臺參贊大臣（即書中安公子調而未去者）、雲南巡撫、貴州巡撫，尋擢兩廣總督，未至，卒於途（一八〇八）。

永保一支，子英志、英華，侍衛。孫文禧，户部員外郎。孫文慶，字孔修，《清史稿》有傳，道光二年進士，九年任國子祭酒，十一年五月充福建鄉試正考官，二十二年予三等侍衛，充庫倫辦事大臣，道光末入軍機大臣、任陝甘總督、吏部尚書兼步軍統領、内務府大臣，咸豐二年任兵部尚書，五年任軍機大臣，協辦大學士，加太子太保、文淵閣大學士、武英殿大學士，管理户部，充上書房總師傅，六年卒（一八五六）。咸豐皇帝親祭，入『賢良祠』，命其子善聯及歲引見。文慶子善聯，字星垣，恩賞舉人，禮部郎中，光緒五年任陝西督糧道，二十年任奉天府尹，二十五年任福州將軍，兼充船政大臣。文慶尚有一兄文齡，侍衛。史梅叔五言古詩詩題云：『文祭酒慶，典試閩中，臨行留詩數首於兄齡處，云惟史梅叔來與看。遲兩月，果自南回，見而喜賦』，及五言古詩《贈文侍衛齡》，詩中有『君乃殿前侍，久淹四品科』句云。一孫文玉，都司，曾以罪戍，旋釋還。

文康與《道咸以來朝野雜記》作者崇彝的繼祖母費莫氏爲兄弟行（費莫氏，正藍旗，雖與文康隔旗，但八旗人祇計姓氏，不計旗分）。崇彝將其祖母兄弟行中『頗有政績者，亦有文學者』列出一表，我們可由此知道一些與文康有關的親屬。今將此表抄列如下：

文慶　道光壬午翰林。官至武英殿大學士，謚文瑞。字孔修。故居十景花園路南。

文蔚　字露軒。嘉慶庚辰翰林。官至户部侍郎，以事罷斥。

文俊　字秋山。舉人。官江西巡撫。書法最佳，藏米、趙墨迹，皆有名之件。住香兒胡同。

文輝　字友石。官江西布政使，罷。有富名，終殉財也。

文煜　字星岩。官武英殿大學士，謚文達。居北城帽兒胡同。

文碩　字俶南。有蔭生、户部員外郎，仕至駐藏辦事大臣。罷後賞三品卿銜。有奏議多種。居東城雙輦胡同。

文康　字鐵仙。即作《兒女英雄傳》者。官俟考。居土兒胡同。

文良　字治庵。官四川道員。藏書最有名。居東城太平胡同。

文玉　都司。蓋孔修先生胎弟。

《道咸以來朝野雜記》謂文康家印銘曰『三代四大學士之家』，計乾隆朝温福、嘉慶朝勒保、道光朝訥爾經額、咸豐朝文慶，若加上文康以後、光緒朝的文煜，則有五人，若再加上康熙朝的五世温達，實有六人焉。這個家族，以軍功起家，代有相國，位極人臣，又與皇帝結成過兒女親家，其顯赫程度，可以説，遠非悼紅軒裏曹氏雪芹的『包衣』出身可以比擬。

文康撰作《兒女英雄傳》，曾得到族兄弟文良、文碩的贊助。《道咸以來朝野雜記》：『《兒女英雄傳》爲文鐵仙先生所撰，其間冶庵、俶南兩先生多所贊助。』冶庵即文良，俶南即文碩。

文康的著作，除今所見《兒女英雄傳》外，尚有前所言及的道光十五年刊刻的《史梅叔詩選》，文康寫有《序》《例言》及對史詩的十幾字到幾百字的評語。過去評選詩文，常是社交活動，而不是文藝活動。文康雖很推崇的五言詩，其實史詩很一般，没什麽文采。

關於文康生平、家世的考證研究，二十年代的李玄伯（宗侗）先生，可算得是第一人。他著有《〈兒女英雄傳〉作者文康家世》一文，登載於一九二五年七月《京報》副刊《猛進》第二十二期上；孫楷第先生也著有《關於〈兒女英雄傳〉》一文，登載於一九三〇年《國立北平圖書館館刊》第四卷第六號上，孫先生考訂文康生平家世更詳。前輩的勞績，對於今天我們研究文康及其作品，仍然具有重要的文獻意義。

二、對於本書的一點兒認識

多年來，由於『十三妹』形象的活躍，傳演其事的评話小説《兒女英雄傳》，給人的印象，就是一部『武俠』作品，在文學史上，即把它列作『俠義小説』。其實這是一種誤解。《兒女英雄傳》正如《紅樓夢》一樣，是一部『社會小説』或者説是『人情小説』。

人們之所以産生『俠義』的印象，不外是由於十三妹在能仁寺、悦來店的一段故事。而這段故事在全部大書中（即爲安水心、安龍媒父子『立傳』），僅僅是一個頗爲吸引人的開端，一個『書帽兒』而已。道理很簡單，一是篇幅之短，不足以影響全書；二是題材因陳，非爲文康氏所獨創。下面，就來具體談談這個問題。

先説篇幅，十三妹熱鬧出場，從『幸逢俠女』到『安穩上長淮』，是第四回至第十回這七回間的故事。以這四十回的長篇説部來看，回目上僅佔七回，六分之一弱，從文字上説，是全書的九分之一。一個簡單的算術道理：哪有一九分之一的文字，即可以定全書之性質的道理呢？若依全書五十三回而論（我認爲文康原稿確爲五十三回，詳後），文字的比例更不知要少到幾分之幾了。

由篇幅看結構，在這部原著五十三回、今所見僅『削删』後的四十回大書裏，作者自己就分了四個段落，即所謂『幾番結束』。第十二回『這第十二回是個小團圓，正是《兒女英雄傳》的第一番結束也』，爲『骨肉叙天倫』；第二十回『都只道是這班人第一個歡場，那知恰是這評話裏第二番結束』，爲『毁妝全孝道』；第二十八回「不道那燕北閑人還有大半部文章（請注意：都到了二十八回了，還有一多半文章要作，全書不得五十多回麽），這《兒女英雄傳》才演到第三番結束』，爲『寶硯雕弓完成大禮』；第三十六回『這回書交代到這裏，便是《兒女英雄傳》第四番的結束』，爲『滿路春風探花及第』。三十七回以後便没有再現什麽『幾番結束』。十三妹的幾回文字，是今所見全書四番結束（或者還有五、六、七番結束）中『第一番結束』中的故事，在《兒女英雄傳》『誠正修齊治平』的原旨中，不過是一段引起人們興味的小穿插，聊作引子而已，起不到概括和支撑全書的作用。

這個『書帽兒』，它可以作爲故事開端，引起下文；也可以游離於故事之外，而獨立成篇。無怪乎五十年代初，金受申先生即將這前十回（一至十回）截編成小册子，而仍命名爲《兒女英雄傳》，以滿足人們的『好俠』之癖。

再説題材，《兒女英雄傳》這部『格致』大著裏，竟然出現了飛檐走壁的俠女形象，當年孫楷第先生也覺得這個女子是『極奇怪突兀』的。繼而探求，孫先生發現了這個『奇怪突兀』的女子，并非文康所創，在此之前的説部中早已見過。《初刻拍案驚奇》卷四《程元玉店肆代償錢　十一娘雲崗縱譚俠》一篇，就是《兒女英雄傳》中十三妹的小照。程元玉落店買酒：

只見一個婦人，騎了驢兒，也到店前下鐙，走將進來。程元玉一看，却是雄赳赳的。飯店中客人個個顛頭聳腦，看他説他，胡猜亂語。

程元玉代女償還飯賬後，此女説道：『公去前面，當有小小驚恐，妾將在此處出些力氣報公，所以必要問姓名，萬勿隱諱。若要曉得妾的姓名，但記着韋十一娘便是。』程元玉説了姓名，女人又道：『「妾在城西探一個親眷，少頃就到東來。」説罷，跨上驢兒，加上一鞭，飛也似去了。』程元玉路上問道受騙，至一山崗，被賊人掠去貨物，正凄惶間，被十一娘弟子接引，到雲崗住了一宿，此即十一娘小庵。明日上路，行不數武，只見昨日至賊已將行李僕馬在路上，等候奉還，并説：『韋家娘子有命，雖千里之外，不敢有違！』

這段故事與《兒女英雄傳》相比，一個是十一娘，一個是十三妹；一個使盜賊畏服，『雖千里之外，不敢有違』，一個海馬周三緊守金喻，『十三妹姑娘吩咐的話，一一如命』；一個住在雲崗，一個住在青雲山。韋娘子、何姑娘，一而二，二而一者也。

孫先生又説，王士禎的《劍俠傳》（《虞初新誌》九引《漁洋文略》），也有一腰劍、騎黑驢的怪女子。所以，『我們明白了，原來小説前半部十三妹的人格，是從説部中抄襲而來，後半部的十三妹，才是作者理想與經驗的人物』。①

文康『家道中落』以後寫這部《兒女英雄傳》，并非願意『藏之名山，束之高閣』。在道、咸間俠義小説盛行，市民群衆喜聞樂道的情勢下②，文康爲了使自己的長篇巨製能够吸引讀者，而化用前人素材，再造出個英武十三妹來，這是理所當然、顯而易見的事情。并且，文康也自信，他這枝生花妙筆，是可以把這段故事寫得很精彩、很吸引人。一百多年來，展現在讀者面前的『悦來店』『能仁寺』，就大有『神龍略現片鱗於雲間之

① 孫楷第《關於〈兒女英雄傳〉》，一九三〇年《國立北平圖書館館刊》第四卷第六號。

② 咸豐、同治間流行的俠義評書《三俠五義》（石玉昆）、《永慶升平》（哈輔源），文康想必知曉。《兒女英雄傳》第三十九回，也提到了《緑牡丹》和『新出的』《于公案》《施公案》。魯迅在《中國小説史略》中説：『文康習文説書，擬其口吻，於是《兒女英雄傳》遂亦特有「演説」風流。是俠義小説之在清，正接送人活本正脉，因平民文學之歷七百餘年而再興替也。』

妙』，而使淺嘗輒止的讀者，認爲六十幾萬字的《兒女英雄傳》，就是一部『俠義小説。

三、關於版本與語言校釋説明

下面先介紹一下《兒女英雄傳》的版本。

關於《兒女英雄傳》的版本，此書最先是以鈔本流傳，光緒四年（一八七八），始由北京隆福寺聚珍堂木活字印行。光緒二十一年（一八九五），聚珍堂後櫃失慎，所有木活字付之一炬，因之後來的聚珍本極爲難得。此本現僅知北京大學藏有一部，原爲馬康（隅卿）先生藏皮，書題『燕北閑人原本 吾了翁重訂《兒女英雄傳》』，『光緒四年歲次戊寅孟秋校字』，二函十册，木活字印行，四周雙邊無界隔，下書口鎸『聚珍堂』三字，白口，面十行，行二十二字。文字與今通行本略異（主要是保留了一些地道的北京話）。

一九二五年，上海亞東圖書館的汪原放先生，據光緒十四年戊子上海蜚英館石印

《還讀我書室主人（董恂）評〈兒女英雄傳〉》本，標點《兒女英雄傳》①。自此以後，若干年來，研究者們都認爲『蜚英館』石印本，是僅次於光緒四年初印本的又一善本（大概是受了汪原放『校讀後記』將此本推崇備至的影響）。其實不然。光緒十四年以前，還有一個本子，即『蜚英館』本的祖本——董評原本。還讀我書室主人董恂評本，

① 還讀我書室主人董恂（一八〇七—一八九八），江蘇江都（今揚州）人，初名椿，科試後改爲醇。同治即位，避帝諱，改今名，字忱甫，號醖卿。道光二十年（一八四〇）二甲進士。考選點主事，簽分户部。二十一年舉家入京，寓繩匠胡同。二十六年隨祈藻（字春圃，户部尚書）及文慶（字孔修，文康堂兄，兵部尚書）赴天津查辦長蘆事件，作《問津記》。

咸豐即位，由祈藻保舉，授奉政大夫福建司主事，湖南司主事，赴長沙任。六年，大學士文慶奏留郎中上行走，此職向爲滿缺，董恂以漢員得此，認爲是『異數』。後任直隸清河道、順天府尹、户部右侍郎。

同治元年（一八六二），署三口通商大臣，總理署治事，置其堂曰：『緑肥紅瘦之軒』。同治四年充殿試讀卷大臣，取崇綺爲狀元。清代以旗籍得鼎甲魁天下者，自是科始。遷居東城無大量大人胡同。授都察院左都御史，兵部尚書。八年，總理各國事務大臣。

光緒六年（一八八〇），七十四歲，以年老，上諭『毋庸在總理各國事務衙門行走』。其評《兒女英雄傳》即在是年。八年，以年力就衰開缺，居家讀書，其私室曰『還讀我書之友』。十八年，八十六歲卒。自挽其聯曰：『不惠不夷渺滄海之一粟，而今而後聽史論於千秋。』（董恂生平，可見自刊《還讀我書室老人年譜》）

董恂在清季政事腐敗，國勢衰微的大勢中，出任『外交部』，本無甚『政績』可言，如與比利時辦理通商條約事務，與奥、美各國來使互換續訂喪辱條約等。中國最早到外國去的使節，倒都是在他主持下派出的。其爲人也，在清末京中大佬中，也是被『清流』看不起的三位之首（次爲萬青藤，再次爲賀壽慈），然而在文學史上，倒可以提一提。據錢鍾書先生考訂，『……儘管已經忘記……他（董恂）是具體介紹近代西洋文學的第一人』。即董恂翻譯了美國詩人朗費羅（Longfellow）的《人生頌》。『以外交部當家副部長的身份，親手翻譯了西洋文學作品』，『《人生頌》是破天荒最早譯成漢語的英語詩歌……很可能是任何近代西洋語詩歌譯成漢語的第一首。』（錢著《漢譯第一首英語詩〈人生頌〉及有關二三事》，見《七綴集》，上海古籍出版社，一九八五年版）董恂在中外文化交流史上的這一成績，研究者倒是應予注意和記起的。

董恂尚著有《江北運程》《楚漕江程》《甘棠小志》《隨軺載筆》《度隴記》《獲芬書屋文稿》《儷白妃黄楹聯》等。由其《兒女英雄傳》評語，看出也是安水心一流人物，然着眼甚細，對我們欣賞和研究本書，是有用的文字。董恂工隸書，以其手訂《還讀我書室老人年譜》題簽字迹對照，《兒女英雄傳》初刻本及光緒六年評本題籤，均係董恂手筆，所以《兒女英雄傳》之初刻，董恂或者參與，也未可知。

光緒六年庚辰（一八八〇），仍由北京隆福寺聚珍堂活字印行，行款格式一同光緒四年初印本，正文中有董恂雙行夾批。以『蜚』本與此本對照，即發現『蜚』本在刊印時，訛、奪、衍、倒，有不少錯誤，『蜚』本并非善本。董評原本，到光緒十八年壬辰（一八九二），又有復印本。光緒十四年戊子，上海有益堂木刻本《兒女英雄傳》，係據光緒四年初印本刊物，無評，也是很不錯的一個本子，惜刻工較粗。

所以《兒女英雄傳》的版本，今所見無論什麼樣的本子（木活字本、刻本、石印本、鉛印本），都不外乎兩大系統，即：光緒四年（戊寅）初印本，光緒六年（庚辰）還讀我書室主人（董恂）評本。光緒四年初印本，是接近作者原著的本子，詞采（主要是京言、京語及與相關的風習）更爲精確。光緒六年本，增加了董恂評語，『點評派』在小説研究中，不可忽視，然而評點中，又不可能不對正文加以點竄，董恂爲南人（揚州人），改京語小説，則往往出錯。并且，依據初印本排印時，還有正行漏掉的，如第八回，奪『只聽他作難道這怎麼樣個下抗法呢姑娘道怎麼又會』一行二十二字。

除去以上兩系統以外，一九八〇年，彌松頤先生又在北京圖書館看到一部《兒女英雄傳》鈔本，這是個僅有三十九回的不完全的本子。細檢之下，有着可喜的發見，彌松頤先生認爲此鈔本早於任何印本（光緒四年初印本），是馬從善『刊削』後十三卷之前、

『僅有四十卷可讀』的稿本（或此本的傳鈔本），甚至有可能就是光緒四年據以排印的底本，總之，是更接近（或者『就是』）文康原本的一個佳善之本。

鈔本一函十八册，每册爲一卷，共十八卷。白棉紙，雙面筒頁綫裝，高二十五厘米，寬一六．五厘米。面九行，行二十四字，高、寬（借用『版心』一詞）各爲一八厘米和一三．五厘米。正文無今所見各《序》《弁言》，起始即爲『緣起首回』，終第三十九回（此回實即包括今年第三十九回整回和第四十回半回）。每回均題『兒女英雄傳評話第×回』，回目兩句，分行並排。從『緣起首回』至第三十八回，爲一人抄寫，工楷，第三十九回則換另外三四個抄手，字體較草，且多舛誤。卷（册）、回之分配：第一卷包括『緣起首回』、一至三回，共四回；第二卷至第四卷，卷各三回；第五卷至第十七卷，卷各兩句；第十八卷，一回，即第三十九回。

這個鈔本的重要價值，是證明了原本確有五十三回，回目、正文均有。在『緣起首回』的最後，今見各刊刻本是：『……一個楔子，但請參觀，便見分曉。』鈔本於『一個楔子』之後，尚有下面一段話，共三十九字：

後面便有五十三回證書，連這回『緣起』，共是一百〇八個題目，合着吾了翁的歸結批語，列爲二十四卷。

下接『但請參觀，便見分曉』，結束此回。『緣起』加五十三回正文，共五十四回，每回兩句題目（回目），『共是一百〇八個題目』，并且還有吾了翁的『歸結批語』（今亦不見）。這段逸文，正好闔合了書中幾出的『正法眼藏五十三參』『二十四卷』。馬從善所説的『書故五十三回』可以證實。鈔本十八卷四十回以後，還應有六卷（十九至二十四卷）十四回文字①。

反復强調『書故五十三回』，似乎没有什麽意義，因爲後十四回文字我們確實無法看到了。我想，首先應該認定全書五十三回的規模，從『全部』着眼，今本僅僅是『部分』，這樣才能更爲準確地把握和理解這部小説（像我們看未完成的《紅樓夢》一樣），

---

① 從正文中未削删净盡的幾處文字，亦可以看出原書五十三回的規模。如：

第二十三回：『……一直管裝管卸，到姑娘抱了娃娃，他作了姥姥，過了個親熱香甜！——此是後話。』這段話不能看作是作者説順了嘴，寫順了手，隨意點染，泛泛之筆，確實是有『後話』。

第二十八回：『不道那燕北閑人還有大半部文章，這《兒女英雄傳》才演到第三番結束。』依四十回書，此已過了一多半，但作者説：『還有大半部文章』，即後面還有二十五回，且都是長篇大論的大回文章，所以才説是『大半部』。而到了三十七回：『演出這過半的人情天理文章，未完的兒女英雄公案。』依四十回書，此已近尾聲，但作者説三十七回是已經『過半』，即還有十六回文章。

第二十九回起始云：『不爲安龍媒立傳，則自第一回《隱西山閉門課驥子》起，至第二十八回《寶硯雕弓完成大禮》，皆爲無謂陳言，便算不曾爲安水心立傳。……後便要入安龍媒正傳。』前半部是安老爺傳，後半部是安公子傳，以安老爺傳權衡，安公子傳亦當有『大半部』。

第四十回：『此後正有偌大的一把棗兒嚼嚼，你叫他怎得不熱？』『只安老爺這一席話，又給燕北閑人找出許多累贅來了。』董恂於此評曰：『作者有伏應，四十回後尚自有書，相當不誣。』

綜上所引諸例，可見馬從善云『書故五十三回』亦爲不錯。但又言『回爲一卷』則不確。全書卷、回之劃分，即如前邊介紹鈔本時卷、回之劃分，全書非五十三卷，而是二十四卷。『緣起首回』最後之佚文曰『列爲二十四卷』可證。

作出恰當的分析和評價。

鈔本更重要的價值，在於文字精準、完整，較之各刻本爲佳。如第八回：

> 向着張金鳳叫了聲：『妹子，你聽我這話，可是我特來救安公子，不是特來救你的不是？』張金鳳道：『話雖如此説，要不是姐姐到此，那個救我一家性命？這就不消再講了。』

『的不是』至『那個救我』二十三字，諸印刻本皆無，故此段對話即不順暢（此種情況有數處，可見本書各回『校釋』）。上例所奪之字，并非後人所加，在鈔本中，恰值一整行，想是當初手民刻印時，一時看岔了眼，錯行脱落（這種情況，也正與前邊例舉光緒六年董恂評書，奪去光緒四年初印本的一行文字一樣）。由此看來，這個鈔本或許就是初印時據以刻印的底本，或是再予過録的稿本。

鈔本較諸印刻本文字之準確精到（尤其是京語），遠非它本所及，例子很多，爲節省篇幅，不再援引羅列，擇其要者，寫於『校釋』之中，讀者可以參覽。

鈔本第一至三十八回，與初印本同，但第三十九回，有較大出入，主要的是這個本子文字簡净得多。如鈔本中没有毫無意義的鄧九公《生傳》原文，也没有鄧九公姨奶奶生孩子、餵奶時的大段描寫，這種寫法異於全書的『詼詞諧趣』，有傷純厚而令人作嘔；也没有鄧九公做壽時，四位孔門弟子『混抖摟酸』的一番争鬧，以及由是而引出安老爺開講『子路、冉有、公西華侍坐章』的一片言談。此種筆墨，完全是一個多年老西賓的聲口，或許就是馬從善『刊削』時所爲。總之，鈔本第三十九回中，可研究之處很多。

十八册共三十九回鈔本的《兒女英雄傳》據聞已入北京圖書館善本庫中。下面我們將本書影印的兩個本子的主要差異列表於下：

關於《兒女英雄傳》的版本，有兩大系統，如光緒四年（戊寅）初印本和光緒六年（庚辰）的還讀我書室主人（董恂）評本。除了以上兩大系統以外，還有在中國國家圖書館裏的鈔本，這是僅三十九回的不完全的本子。在齊魯書社出版的爾弓校釋《兒女英雄傳》的後記裏，爾弓（一九八九）認爲此鈔本早於任何印本（光緒四年初印本），是馬從善『刊削』後十三卷之後，『僅有前四十卷可讀』的稿本（或此本的傳鈔本），甚至有可能就是光緒四年據以排印的底本，總之，更接近（或者『就是』）文康原本的一個佳善之本。他重視鈔本的價值，是因爲鈔本證明了原本確有五十三回，回目、正文均有。在『緣起首回』的最後，今見各刊本是：『……一個楔子，但請參觀，便見分曉。』鈔本於『一個楔子』之後，尚有下面一段話，共三十九字：『後面便有五十三回正書，連這回「緣起」共是一百〇八個題目，合着吾了翁的歸結批語，列爲二十四卷。』下接『但請參觀，便見分曉』結束此回。他認爲鈔本更重要的價值在於文字精確，完整，較之各印刻本爲佳，而且没有奪字，這個鈔本或許就是初印時據以刻印的底本，或是再予過録的稿本。但是日本人藤田益子經過對鈔本的詞彙使用情况研究，他認爲還不能確實證明鈔本就是初印本據以刻印的底本，雖然齊魯書社本在校釋中對幾個本子作了對勘，但有些地方并不準確。如：『搦』『回干』『搭』。我根據齊魯書社本提供的綫索，把三個本子又進行了比較，也認爲鈔本較之各印刻本爲佳，或許就是初印時據以刻印的底本。

一、《三十九回鈔本》和《光緒四年本》一致，但不同於《光緒六年本》的例子：

回＼	《三十九回鈔本》	《光緒四年本》	《光緒六年本》
緣起首回	畫一了	畫一了	畫一個

例一　拈了一撮黄土，端正了人面，便畫一了[一]寅會至酉會八萬六千四百年的人形。

[一]『了』字，原作『個』，今據北京圖書館藏三十九回鈔本（疑是排印稿本，以下簡稱『鈔本』）和光緒四年（一八七八）北京聚珍堂初印活字本（無評，以下簡稱『初印本』）校改。『畫一個……人形』，用於此處未安。『畫一了』，即統一、（使之）一致

的意思，今用作『劃一』。細讀此處上下文，『畫一了』正與上句『完成了』相對應，用助詞『了』爲是。

回	《三十九回鈔本》	《光緒四年本》	《光緒六年本》
緣起首回	寶子	寶子	寶貝

例二　及至弄到兵變馬嵬，六軍抗命，却又束手無策，不知究姦相、責驕帥、斬亂兵，眼睜睜的看着人把個平日愛如性命的個寶子[二]生生逼死。

[二]『子』字，原作『貝』，據鈔本、初印本改。『寶子』即寶貝、寶貝的東西，用在口語，猶寶寶、寶貝兒，表示珍惜疼愛，且富昵意。

回	《三十九回鈔本》	《光緒四年本》	《光緒六年本》
第一回	手寫本	手寫本	收拾手本

例三　公子便去打點手寫[一九]本、拜帖職名，以及拜見老師的贄見、門包、封套。

[一九]手寫本——原作『收拾手本』，據鈔本、初印本改。

回	《三十九回鈔本》	《光緒四年本》	《光緒六年本》
第四回	搭	搭	抬

例四　説着，兩個騾夫幫着搭[五]進房來，放在炕上。

[五]搭——原作『抬』，從鈔本、初印本改。二人手持兩端曰『搭』，『抬』則可

用於多人。第五回：『兩個和尚也幫着搭那馱子』，可證。

回＼	《三十九回鈔本》	《光緒四年本》	《光緒六年本》
第四回	打地灘兒	打地灘兒	打地攤兒

例五　二人就摘下草帽子來，墊着打地攤兒[一二]。

[一二] 打地攤兒——『攤』諸本作『灘』，無義，徑改。打地攤兒，是在地上鋪開的意思，借用作坐在地上或睡在地上。

回＼	《三十九回鈔本》	《光緒四年本》	《光緒六年本》
第四回	烟火	烟火	烟灰

例六　那跑堂兒的瞧見，連忙的把煙袋杆望巴掌上一拍，磕去烟火[三九]，把煙袋掖在油裙裏，走來問公子道：『要開壺啊，你老？』

[三九] 烟火——『火』原作『灰』，據鈔本、初印本改。因跑堂兒的尚未及把煙吸完，就連忙去磕煙袋鍋兒，上面還有餘燼，故『烟火』爲恰。

回＼	《三十九回鈔本》	《光緒四年本》	《光緒六年本》
第五回	一	一	兩

例七　分完了，也算多剩了一[二]個大錢，掖在耳朵眼兒裏，（按照歸除核算，絲毫不爽。想見彼時並無短陌，風猶近古。）合兩個更夫拿着鐝頭繩杠去了不提。

〔二〕一——原作『兩』，據鈔本、初印本改。跑堂兒的向安公子要兩吊（兩千錢），但和二更夫只說是四百小錢，故滿以爲『一吊六百文是穩穩的下腰了』。但是現在得三人平分這兩千文，每人六百六十六文，尚餘二文（兩小錢），歸更夫。原作『兩個大錢』，誤，兩個大錢是二百文。此處所說的『多剩了一個大錢，掖在耳朵眼兒裏』，是些許錢、極少錢，微不足道的意思，非實指數目。可參見第四回『寓錢喻制錢』注。

回	《三十九回鈔本》	《光緒四年本》	《光緒六年本》
第五回	也	也	他

例八　你如今是窮途末路，舉目無依；便是你請的那褚家夫婦，我也曉得些消息，大約也[八]絶不得來，你不必妄等。

〔八〕也——原作『他』，據鈔本、初印本改。『我也曉得些消息』『大約也絶不得來』，二『也』字并不繁複。正是『表示兩事相同，「也」用在前後兩小句』，或『表示「甚至」，加强語氣』（吕叔湘《現代漢語八百詞》）。

回	《三十九回鈔本》	《光緒四年本》	《光緒六年本》
第五回	回干	回干	干

例九　原來那白臉兒狼正走之間，路旁有棵多年的回干[一六]老樹，那老樹上半截剩

了一個杈兒活着，下半截都空了，裏頭住了一窩老梟。

[一六] 回干——原作『干』，據鈔本、初印本補『回』字。回干老樹，指已經乾枯的樹木，有回生復蘇樣子。

回	《三十九回鈔本》	《光緒四年本》	《光緒六年本》
第七回	我彌陀佛	我彌陀佛	阿彌陀佛

例十　那老婆兒哭眼抹泪的説道：『我彌陀佛！説也不當家花拉的[一二]這位大嫂一拉，就把我們拉在那地窖子裏。落後那大師傅也來了，要把我們留下。説了半日，女兒只是拾頭撞腦要尋死。也是這位大嫂説着，讓那大師傅出去，等他慢慢的勸我女兒。姑娘，你想想，這件事可怎麽點得頭呢！正鬧得難解難分，姑娘你就進來了。』

[一二]『我彌陀佛』句——『我』原作『阿』，據鈔本、初印本改，是直音書寫佛號，即便寫作『阿』，亦應念作 wǒ，今人常讀 ē，誤矣。『不當家花拉的』——不當、不該，引申爲罪過、造孽諸義。明劉侗《帝京景物略》：『不當價，如吴語云罪過。』《金瓶梅》第二十八回：『……（來旺媳婦的一只臭蹄子）……攬着些字紙和香兒，一處放着，甚麽稀罕物件，也不當家化化的！』更明顯是『罪過』之意。『家』與『花拉』只是狀聲，表示程度之輕重，無明確義。

回 第八回	《三十九回鈔本》	《光緒四年本》	《光緒六年本》
	『只聽他作難』至『怎麽又會』	『只聽他作難』至『怎麽又會』	

例十一　那姑娘急了，不催他説：『怎麽着？』只聽他作難[一]道：『這怎麽樣個下炕法呢？』

[一]只聽他作難——『只聽他作難』至『怎麽又會』二十二字，原奪，據鈔本、初印本補。

回 第九回	《三十九回鈔本》	《光緒四年本》	《光緒六年本》
	怕不帶去了	怕不帶去了	怕帶不了去

例十二　倒虧他的老成見識，説道：『這三千金，通共也不過一百來斤，怕不帶去了[二]！但是東西狼犺，路上走着也未免觸眼。』

[二]怕不帶去了——原作『怕帶不了去』，意誤。據鈔本、初印本改。『怕不帶去了』，是帶去了、能够帶去了的意思。『怕不』，猶恐怕、大約，揣度之詞。

回 第十回	《三十九回鈔本》	《光緒四年本》	《光緒六年本》
	打在心坎兒上	打在心坎兒上	好在心坎兒上

例十三　安公子還在那裏猶疑，張金鳳聽了這句話，正打[九]在心坎兒上，〔句中有眼。〕連忙説道：『姐姐説的有理，就是這等一言爲定，不可再改。』

〔九〕打在心坎兒上——『打』原作『好』，據鈔本、初印本改。『打』，打中、説中也，形容準確有力，更爲形象。

回	《三十九回鈔本》	《光緒四年本》	《光緒六年本》
第十二回	扯住	扯住	拉住

例十四　太太見這光景，急得滿面泪痕，忙又一把扯住[四]他道：『這是怎麼説？你快説給我聽！』

〔四〕扯住——『扯』原作『拉』，據鈔本、初印本改。此刻安公子是站着，安太太坐着，太太以低就高，故用『扯』。『一把扯住』，亦可見急切之情，怕公子再跑了。下文心緒稍平，則順手去『拉』。

回	《三十九回鈔本》	《光緒四年本》	《光緒六年本》
第十二回	難爲你長了	難爲你長了	難爲了你了

例十五　老爺道：『這倒難爲你長了[二五]。——只是我計算，多也不過一二千餘金，終究還不足數。强如并此而無，且慢慢的凑罷了。』

〔二五〕難爲你長了——原作『難爲了你了』，據鈔本、初印本改。安公子雖經一番顛險，解金來淮，骨肉團聚，但從封建倫理而論，安老爺并無給兒子『道乏』之理，

『難爲你』不妥。『難爲你長了』，即眼見你長大成人了，能主事了（指作主變折家産），安老有夸贊、并慰借之意，故從。

二、《光緒四年本》和《光緒六年本》一致，但不同於《三十九回鈔本》的例子：

回	《三十九回鈔本》	《光緒四年本》	《光緒六年本》
緣起首回	一個楔子，後面便有五十三回正書，連這回緣起，共是一百〇八個題目，合着吾了翁歸結批語，列爲二十四卷，但請參觀	一個楔子，但請參觀	一個楔子，但請參觀

例一　要知這部書傳的是班甚麽人，這班人作的是椿甚麽事，怎的個人情天理，又怎的個兒女英雄，這回書才得是全部的一個楔子[四]，但請參觀，便見分曉。

[四] 鈔本於『一個楔子』和『但請參觀』之間，尚有以下文字：

後面便有五十三回正書，連這回緣起，共是一百〇八個題目，合着吾了翁歸結批語，列爲二十四卷。

所見諸印刻本皆無。由此，正可見原書正文爲五十三回，加上『緣起首回』，共五十四回，每回兩句回目，共『一百〇八個題目』，并且還有吾了翁的『歸結批語』（今已不見）。《兒女英雄傳》原書的規模，就是這樣。馬從善《序》謂『書故五十三回』，信然。

回	《三十九回鈔本》	《光緒四年本》	《光緒六年本》
第一回	後門東步量橋	後門東不壓橋	後門東不壓橋

例二　他家的舊宅子本在後門東步量橋地方[七]，原是祖上蒙恩賞的賜第，内外也有百十間房子。

［七］後門東步量橋——原作『後門東不壓橋』，鈔本作『步量橋』。第三十四回安公子赴試進城，『説定了依然不找小寓，只在步量橋宅裏住』，前後統一，故依鈔本，改作『步量橋』。明代張爵《京師五城坊巷胡同集》，在《北城·昭回靖恭坊》下，記有『羅鍋巷布糧橋』；清代朱一新《京師坊巷誌稿》卷上，在『地安門外東城根』下，記有『井一，有東步糧橋，《宛平王誌》「步」作「部」』。『東不壓橋』爲後來的名稱。後門，即位於北京『中軸綫』北端的地安門，俗稱後門（前門，則爲正陽門之俗稱）。步量橋（或東步量橋，今東不壓橋）在地安門東大街，羅鍋巷（今羅鼓巷）附近，爲京師北城著名的胡同，近代著名鐵路工程師詹天佑即居於此。本書作者文康，家住土兒胡同，離地安門東大街不遠（今交道口南大街路東）；助其撰寫此書的同族兄弟文煜，則住地

安門大街的帽兒胡同（園名『可園』，建於咸豐十一年，今仍存，爲北京第三批文物保護單位）；文康另一堂兄弟文俊，住土兒胡同以南之香兒胡同（今名香餌胡同），都在北城；大學士文慶宅在什錦花園，亦在東城（後文給何玉鳳『找廟』，安老爺提到的『汪芝麻胡同』，亦在此城），説明作者是非常熟悉這些地方的。

回	《三十九回鈔本》	《光緒四年本》	《光緒六年本》
第一回	父親		

例三　吃飯中間，公子便説『父親[一一]雖然多辛苦了幾次，如今却高高的中了個第三，可謂「上天不負苦心，文章自有定論」，將來殿試，那一甲一名也不敢必，也中個第三就好了！』

[一一]　父親——原奪此二字，據鈔本補。

回	《三十九回鈔本》	《光緒四年本》	《光緒六年本》
第二回	改派	該派	該派

例四　如今把他留下，就改派[一二]戴勤去也使得。

[一二]　改派——『改』原作『該』，不通，今據鈔本改。改派，即另派，改換別人的意思。

回	《三十九回鈔本》	《光緒四年本》	《光緒六年本》
第二回	轉		

例五　當時吩咐出來，說：『大人向不收禮，這樣的費心費事，教安太爺留着轉[二〇]送人罷！』

[二〇]轉——『轉』字原脱，據鈔本補。轉送人，即再送他人。『轉』音 zhuǎn。

回	《三十九回鈔本》	《光緒四年本》	《光緒六年本》
第二回	没甚材幹	没有能乾	没有能幹

例六　少時傳見，那河臺先算定了安老爺是個不通世路、没甚材幹[二一]的人，及至見面，遞上履歷，才知這老爺是由進士出身。

[二一]世路——世道人心。没甚材幹，原作『没有能幹』，不通，據鈔本改。材幹，今亦作『才幹』。

回	《三十九回鈔本》	《光緒四年本》	《光緒六年本》
第三回	枕上	炕上	炕上

例七　那店主人不放心，惦着又來看，華忠便在枕[三八]上給他道謝。

[三八]枕上——原作『炕上』，看似是，其實不通，此據鈔本改。『枕上道謝』，點頭道謝而已，因華忠是病重，『動彈不得』的，無從在炕上爬起來道謝，故據改。

回 第四回	《三十九回鈔本》	《光緒四年本》	《光緒六年本》
	養	生	生

例八　安公子雖然養[三四]得尊貴，不曾見過外面這些下流事情，難道上路走了許多日子，今日才下店不成？

［三四］養——原作『生』，據鈔本改。養，即養育、蓄養、教養；生，則僅限於初生，故改。

回 第四回	《三十九回鈔本》	《光緒四年本》	《光緒六年本》
	點手喚羅成	點手換羅成	點手換羅成

例九　公子見了，鬧了個『點手喚羅成』[三八]，朝他點了一點手兒。

［三八］點手喚羅成——『喚』原作『換』，徑改。即招呼、招喚意。源出自皮黃戲《鎖五龍》，單雄信唱『點手又喚羅成來』。此語常爲時人習用，作『點手』。

回 第四回	《三十九回鈔本》	《光緒四年本》	《光緒六年本》
	古之所爲寓錢也，以寓錢喻制錢，……	古之所爲寓錢喻制錢	古之所爲寓錢喻制錢

例十　『楮』之爲言紙也，紙，錢也，即古之所爲寓錢也；以寓錢喻制錢，[四五]一而二、二而一者也。

〔四五〕寓錢喻制錢——此句連同上句，原作一句『即古之所爲寓錢喻制錢』，文句澀滯，諸刊印本皆如此。校之鈔本，原來在『所爲寓錢』之後，奪『也以寓錢』四字，今補之；并將『也』字作上斷：『即古之所爲寓錢也，以寓錢喻制錢，……』方通順。寓錢，即紙制冥鈔，因以其代替真正的鈔票，故名『寓錢』。《冥報録》：『纔紙爲錢，以供鬼神，自唐宋以來始有之，謂之寓錢，言其寄形象於紙。』邵康節亦謂之『楮錢』，故後文跑堂兒的説了許多『月干楮』『流干楮』『玉干楮』之類的市語。楮木之皮可以造紙，以其代稱紙錢，亦有所本。安公子説給『幾百』，跑堂兒的要『月干楮』（兩吊），其中相差多少？緣昔日以『一個錢』爲一百，『十個錢』爲一吊，安公子是想給『幾個錢』，而跑堂兒的索要『二十個錢』（二千錢，兩吊）。由此亦可知，平常所説的微乎其微的小數目：『給你二百錢』，即是『給你倆大錢』；『值不了倆大錢兒』，亦即『值不了二百錢』。

回 \ 第五回	《三十九回鈔本》	《光緒四年本》	《光緒六年本》
第五回	好生作怪	這人好生作怪	這人好牛作怪

例十一　一席話，把個安公子嚇得閉口無言，暗想道：『好生作怪！〔六〕怎麼我的行藏他知道得這等詳細？據這樣看起來，這人不止是甚麼給强盜作眼綫的，莫不竟是個

大盜，從京裏就跟了下來？果然如此，不但嬷嬷爹在跟前不中用，就緒一官來也未必中用！這便如何是好呢？』

［六］好生作怪——原本錯簡，此四字誤置『這人』以下，今據鈔本改正。

回＼第五回	《三十九回鈔本》	《光緒四年本》	《光緒六年本》
	走一蕩	走蕩	走蕩

例十二　我眼前還有些未了的小事，須得親自走一蕩［九］，回來你我短話長説着。

［九］走一蕩——原作『走蕩』，據鈔本補『一』字。

回＼第五回	《三十九回鈔本》	《光緒四年本》	《光緒六年本》
	扔	擲	擲

例十三　兩手從脖子後頭繞着往前一轉，一手提了往炕上一扔［七］，只聽噗通一聲，那聲音覺得像是沉重。

［七］扔——原作『擲』，據鈔本改。扔，口語也。

回＼第五回	《三十九回鈔本》	《光緒四年本》	《光緒六年本》
	撤	撤	撤

例十四　和尚見他的兵器被人吃住了，咬着牙，撤［二六］着腰，往後一拽。

［二六］撤——原作『撤』，據鈔本改。『撤着腰』，即踏下腰、低着腰。

回	《三十九回鈔本》	《光緒四年本》	《光緒六年本》
第七回	不三不四的話	不三不四的	不三不四的

例十五　及至方才合那個瘦子、禿子兩個和尚交手，聽了那一段不三不四的話[三]，早料定這廟中除了劫財害命，定還有些傷天害理的勾當作出來，因急切要救安公子，且不能兼顧到此。

[三]不三不四的話——『話』字原奪，據鈔本補。

三、《三十九回鈔本》和《光緒六年本》一致，但不同於《光緒四年本》的例子：

回	《三十九回鈔本》	《光緒四年本》	《光緒六年本》
第八回	是凡	事凡	是凡

例一　那姑娘道：『我這個人雖是個多事的人，但事[四]凡那下坡走馬、順風使船，以至買好名兒、戴高帽兒的那些營生，我都不會作。我今日可是爲救一個人來了，却不是救你。』

[四]事凡——『事』原作『是』（鈔本亦同），據鈔本改。此句『事』字屬後斷，『事凡』即凡事、任事、無論何事。

回	《三十九回鈔本》	《光緒四年本》	《光緒六年本》
第六回	不住腰站	不住要站	不住腰站

例二　那東西進了眼睛，敢是不住腰[二]站，一直的奔了後腦杓子的腦瓜骨，咯噔的一聲，這才站住了。

[二]不住腰站——『腰』，今所見諸印刻本均作『要』，不可解。鈔本作『腰』，是。此亦用俗語，不住腰，即不停腰，如飛跑的時候都要彎腰（哈腰），不能挺直起來，此即『不住腰』之所云。『不住腰站』，是將鐵彈子擬人化，謂站不住、不能停止的意思。

從這次對比的校釋來看《三十九回鈔本》和《光緒四年本》一致的情況比較多。但鈔本在文字上更精確、完整。

四、鈔本較諸印刻本文字之準確到（尤其是京語）遠非它本所及，例子很多，擇其要者：

例一　【弱欠】

那時候，要論我的家當兒，再有幾個五百也拿出來了，只是我想，大丈夫仗本事幹功名，一下脚就講究花錢，弱欠[三四]了銳氣。

[三四]弱欠——諸印刻本均作『搦』，今據鈔本改。音ruɑ́，是地道的京語京字。指人的時候爲衰弱、綿軟無力，引申爲殺却威風、減滅銳氣。此處即用引申義。車王府

曲本《石派風波亭》：『面黄瘦，病體弱欠，虚鬢焦，兩眼塌，喘吁吁一步一蹭咧嘴嗞牙。』即用此字之本義。指紙張時，有消薄、不平整諸義。

例二【不識閑兒】

這個當兒，就把個長姐兒忙的，又要伺候老爺太太，又要張羅兩位奶奶，已經手脚不識閑兒[三五]了。

聚珍堂本用『時』一字。從發音來看，『時』是合適的。因爲俗語不太講究用字，但是用『時』字的話，意思就不通順了。所以應該改成『識』字。這個『識』應該讀作陽平。『手脚不識閑兒』是地地道道的北京話，如果改成『得』字的話，失去了北京話的風味。

《三十九回鈔本》和《光緒四年本》方言色彩比較浓。因爲《兒女英雄傳》的詞彙裏北京口味的土語、口語很豐富。文康熟練地運用北京方言來寫作小説，而和其它版本比較，鈔本口語使用率更高。

總結以上結論，我認爲最佳的本子是《三十九回鈔本》，這個本子或許就是初印時據以刻印的底本，或是再予過録的稿本。

《兒女英雄傳》和《紅樓夢》，同是潦倒旗人所寫的小説，都用京語，都寫得很漂亮。但是我讀《兒女英雄傳》，琅琅上口，可以用自己的聲音、語調，或者摹擬書中人物，順暢地説出來；《紅樓夢》固然語言文字也很美，却不容易讀出來，只能欣賞贊嘆。當然，這同《兒女英雄傳》的評話體有很大關係，但從運用京語來説，不能不説是二者的一個差别。（比如拍《紅樓夢》電影或電視連續劇，恐怕編導者就遇到這類問題，全部搬用書中的語言？是口語，抑或書面語？作爲觀衆，今天看來、聽來，總感覺到有點彆扭。）《紅樓夢》的語言，是皇親貴冑、王公府第裏邊人説的話，『雅言』很多；《兒女英雄傳》則更接近平民，『俗言』『外話』不少，時代稍近，人們也更容易接受，所以《兒女英雄傳》也就有了『京語教科書』的稱譽。

《兒女英雄傳》是一部晚清社會的小百科全書，其時代風氣、民情風俗、科舉考場、世家禮節、市井游民、衣飾裝點、起居服色等等，都有明確的生活依據，是看得見、摸得着的一個封建社會的縮影。隨便舉個例子，像安老找出來的『舊石青卧龍袋』，氣爲『舊』也，以此卧龍袋初尚石青色，乾隆中尚玫瑰紫，末則深絳，至嘉慶則尚泥金、淺灰（《中國古代服飾史》）；又如鄧九公穿的『裏外發燒馬褂子』，始於乾隆，非常人所服（只有《紅樓夢》中賈母纔穿得着），至嘉、道以後，則爲無人不穿的翻毛皮馬褂兒，所以九公纔可以上身。

本文用作主要依據的版本是：

《兒女英雄傳》三十九回鈔本，一函十八册，在國家圖書館分館藏。

《兒女英雄傳》光緒四年刊本，聚珍堂書房，木活字本，使用《古本小説集成》收録的影印版（據山東大學圖書館藏）。

《兒女英雄傳》光緒六年刊本，聚珍堂書房，木活字本。

《還讀我書室主人評〈兒女英雄傳〉》上下，董恂評，爾弓校釋（一九八九），齊魯書社出版。此版本依據光緒六年刊本，跟其他的版本比較，時稱齊魯書社本。

參考資料

彌松頤（原題爾弓）：《兒女英雄傳·後記》，齊魯書社，一九八九年版。

序

兒女英雄傳之一書文鐵仙先生康所作也先生爲故大學士勒文襄公保次孫以貲爲理藩院郎中出爲郡守游擢觀察丁憂旋里特起爲駐藏大臣以疾不果行遂卒於家。先生少席家世餘蔭門第之盛無有倫比晚年諸子不肖家道中落先時遺物斥賣略盡先生塊處一室筆墨之外無長物故著此書以自遣其書雖託於稗官家言而國家典故先世舊聞往往而在且先生一身親歷乎盛衰升降之際故於世運之變遷人情之反覆三致意焉先生殆悔其已往之過而抒其未遂之志歟余館於先生家最久宦

序　一　聚珍堂

遊南北遂不相聞昨來都門知先生已歸道山訪其故宅久已易主生平所著無從收拾僅於友人處得此一編亟付剞劂以存先生著作嗟乎富貴不可長保如先生者可謂貴顯而乃垂白之年重遭窮餓讀是書者其亦當有所感也書故五十三回回爲一卷蠹蝕之餘僅有四十卷可讀其餘十三卷殘缺零落不能綴緝且筆墨弇陋疑爲夫已氏所續故竟從刊削書中所指皆有其人余知之而不欲明言之悉先生家世者自爲尋繹可耳

時

光緒戊寅陽月古遼閬圃馬從善偶述

貫弁數言於首卷

霽時

乾隆甲寅暮春望前三日東海吾了翁識

兒女英雄傳評話原載序文

上古結繩而治後世聖人易之以書契書契之興經尙於作經非聖人初意也皆有所爲而作不得已於言也故易之作爲闡天心之微也書之作爲觀天道之變也詩之作爲通人心之和也禮之作爲大人道之防也春秋之作爲合天心人事以誅心維道使天下後世之亂臣賊子懼上紹歷聖作經之心下開百世作史之例者也嗣是經變爲史龍門子長司馬温公晦翁諸人皆因之此外代有作者顧亡得失參半時至五代世無達人正史而外稗史出焉稗史亦史也其有所爲而作與不得已於言也何獨不然

然世之稗史充棟折軸愜心貴當者蓋寡自王新城詩話說部其書始寖寖盛所求其旨少違詞近微文可觀並足鑑者亦不過世行之西遊記水滸傳金瓶梅紅樓夢數種蓋西遊記爲自治之書邱真人見元門之不競借釋教以警元門意在使之明心性全軀命本誠正以立言也水滸傳金瓶梅紅樓夢同爲治人之書一則施耐菴見元臣之失臣道予盜賊以媿朝臣意在教忠本平治以立言也一則王鳳州痛親之死冤且慘義圖復仇雪恥又不得手仇人而刃之不獲已影射仇家名姓設爲穢言投厥所好更酖其篇頁思有以中傷之其苦心苦於卧薪吞炭是則忠

在教孝本修身以立言也一則曹雪芹見簪纓鉅族喬木世臣之不知修德載福承恩衍慶託假言以談真事意在教之以禮與義本齊家以立言也是皆所謂有所爲而作與不得已於言者也閒嘗竊計之顧安得有人焉於誠正修齊平治而外補出格致一書令我先覩爲快哉繼復熟思之歟書者雖立旨在誠正修齊平治實託詞於怪力亂神西遊記其神也怪也水滸傳其力也金瓶梅其亂也紅樓夢其顯託言情隱欲彌蓋其怪力亂神者也格局備矣然則史何從着筆別於誠正修齊平治而外補一格致之書哉用是曾曾台抱者久之吾有友一人焉無他嗜好但

好讀說部所見且甚夥吾一日以前說質之吾友曰有是哉大学格致一章而今亡矣誠未易言然即怪力亂神反而正之不有所謂曰常與德與治與人者不又一格局乎近有燕北閑人所撰正法眼藏五十三參一書厥旨頗不謬是特借語近齊東之野還以質之吾子予其云何吾受而讀之其書以天道爲綱以人道爲紀以性情爲意旨以兒女英雄爲文章其言天道也不作元談其言人道也不離庸行其寫英雄也務摹英雄本色其寫兒女也不及兒女之私本性爲情援情入性有時詠詞諧趣無非借褒彈爲鑑影而指點迷津有時名理清言何異寓唱歎於鏗鏘

而爾量正學是殆亦有所爲而作與不得已於言者也吾
不圖吾無意中果得於誠正修齊平治而外快覩此格致
一書也吾友以爲妄曰子眞有嗜痂癖者矣試即以子之
言證之西遊記誠爲自治之書不與餘三書等餘三書者
水滸傳以橫逆而終於草菅金瓶梅以斵喪而終於潰敗
紅樓夢以慾縱而終於困窮是皆託微詞伸莊論假風月
寓雷霆其有裨世道人心良非鮮淺以視是書之游談捭
弄距足與之上下牀哉且人不幸而無學鑄經無福修史
退而從事於稗史亦云陋矣更假名蠹鹵提禪語以文其
陋予以爲每況愈下但供噴飯也何格致之足云吾亦皆

之曰君言左矣是殆不然夫大學之所謂格致者非僅萍實商羊之謂謂致吾之知即物而窮其理也人爲萬物之靈窮理必從人始彼水滸諸書以皮裏陽秋爲旨趣其說理也隱而微是書以眼前粟布爲文章其說理也顯而現修道之謂敎與其隱敎以不善降殃爲背面敷粉曷若顯教以作善降祥爲當頭喝棒乎且如西遊記水滸傳金瓶梅亦幸遇悟一子聖歎竹坡諸人讀而批之中人以下廼獲領解耳紅樓夢至今不得其人一批世遂多信爲談情乃致悞人不少何況怪力亂神聖人不語忠孝節義萬古同歸以是爲游談游談何害且如太史公良史也不諱拙

金殺人孟子亞聖也其罕譬焉引人入勝者亦言尤多詼諧何有於燕北閒人而龂龂厚彼薄此哉吾友聞之始輾然而笑愀然以思默然不語嗟乎近俳近優都堪悲歷談空談色半是宣淫醒世者恒墮狐禪說理者輒歸腐啼自非苦口可能喚醒癡人不有婆心何以維持名教至借筆墨而代哭志亦堪悲果通呼吸於太空天應欲泣君真健者尚一聲長嘯譜成幾疊清商僕本恨人早三歎廢書灑落滿襟熱淚爰伸紙側牘而爲之序焉

雍正閼逢攝提格上巳後十日觀鑑我齋甫拜手謹序

兒女英雄傳評話目錄

第三十九回

包容量一諾義賙貧　矍鑠翁九袠雙生子

第四十回

虛吃驚遣奏陽關曲　眞幸事穩抱小星裯

兒女英雄傳評話目錄終

兒女英雄傳評話緣起首回

開宗明義閒評兒女英雄

引古證今演說人情天理

俠烈英雄本色溫柔兒女家風兩般若說不相同

除是癡人說夢 兒女無非天性英雄不外人情

最憐兒女最英雄纔是人中龍鳳

八句提綱道罷這部評話原是不登大雅之堂的一種小說初名金玉緣因所傳的是首善京都一樁公案又名日下新書篇中立旨立言雖然無當於文却還一洗穢語淫詞不乖於正因又名正眼法藏五十三參初非釋家言也

後經東海吾了翁重訂題曰兒女英雄傳評話相傳是太平盛世一個燕北閒人所作據這燕北閒人自已說他幼年在塾讀書適逢一日先生不在館裡他讀到宰予晝寢一章偶然有些困倦便把書丟過一邊也學那聖門高弟隱几而臥纔得睡着便恍惚間出了書房來到街頭只見憧憧擾擾眼前換了一番新世界兩旁岐途曲巷中有無數的車馬輻輳冠蓋飛揚人往人來十分熱鬧當中却有一條無偏無頗的蕩平大路這條路上只有一個瘦骨鋭頭鬚髮根根上指的在前面挺然直立的走了去閒人一時正不知自已走那條路好想要向前面那個問問修途

苦於自已在他背後等閒望不着他的面目就待一步一趨的趕上借問一聲不想他愈走愈遠那條路愈走愈高眼前忽然一閃不見了他不知不覺竟走到雲端裡來了沒奈何一個人踽踽凉凉站在雲端裡一望纔看出雲外那座天原來雖說萬變萬應却也只得一縱一橫縱裡看去便是宗動天日天月天水天火天金天木天土天二十八宿天共是九天橫裡看去便是無上天四人天忉利天竪首天持髮天常橋天福生天福受天廣來天大梵天梵輔天梵眾天少光天光音天無量光天少淨天徧淨天無量淨天善見天善現天無想天無煩天無熱天無邊空處

天無邊識處天無所有處天非想天非非想天色究竟天須欲摩天兜率陀天樂變化天還有一座他化自在天共是三十三天他到的那個所在正是他化自在天的天界却說這座天乃是帝釋天尊悅意夫人所掌掌的是古往今來忠臣孝子義夫節婦的後果前因這日恰遇見天尊同了夫人升殿那燕北閑人便隱在一個僻靜去處一同瞻仰只見那天宮現彩寶殿生雲仙樂悠揚香烟繚繞左一行排一層紫袍銀帶的仙官右一行列幾名翠袖霓裳的宮嬪堦下列着是白旄黃鉞彩節朱旛金蓋銀盞紫芝蓋映日飛揚龍旗鳳旗月華旗隨風招展雕弓羽箭飛魚

袋畫着飛魚玉輦金根馴象官牽着馴象飛電馬追風馬踹上時雹捲風馳龍驤軍虎賁軍用着他龍拿虎跳一個個一層層都齊臻臻靜悄悄的分列兩邊殿上龍案頭設着文房四寶旁邊擺着一個硃紅描金架子架上插着四面硃紅繡旗旗上分列着忠孝節義四個大字一時仙樂數聲畫閣開處左有金童右有玉女手提寶爐焚着白檀紫降引了那帝釋天尊悅意夫人出來那天尊頭戴攢珠嵌寶冕旒身穿海宴河清龍衮足登朱絲履腰繫白玉鞓那悅意夫人不消說自然是日月龍鳳襖山河地理裙了身後一雙日月宮扇簇擁着出來那時許多星宮神將早

兒女英雄傳

排列在堦下只聽殿頭官喝道有事出班早奏無事捲簾退班只見班部叢中閃出四位金冠朱紱的天官各各手捧文册一卷上殿奏道今日正有人間兒女英雄一樁公案該當發落請旨定奪早有殿上宮官接過那文册呈到龍案上天尊問目一看降旨道這班兒發落他閻浮人世去須得先叫他明白了前因後果纔免得怨天尤人但是天機不可預洩可將那天人寶鏡放在案前叫他各人一照然後發落值殿宮領旨早有一簇人抬過一座金鑾玉琢鳳舞龍盤的光明寶鏡來寶鏡安頓完畢天尊便把那架上的忠孝節義四面旗兒發下來交付旁邊四個值殿

官捧到墀前向空中只一展但見憑空裡就現出許多人來為首的是個半老的儒者氣象裝束得七品琴堂樣子同着一個半老婆婆面上一團的慈祥忠厚次後便是一個温文儒雅的白面書生又是兩個絕代女子一個豔如桃李凜若冰霜一個裙布釵荊端莊俏麗還有一個朱纓花袞的長官一個赤面白鬚的壯士又是一個濃妝婺婦兩雙中年老年夫妻還有個六七分姿色的青衣侍婢後面隨着許多男的女的老的少的村的俏的都俯伏在殿外天尊發落道爾等此番入世務要認定自己行藏莫忘本來面目可抬頭向天人寶鏡一照者衆人抬起頭來一

看只見那寶鏡裡初照是各人的本來面目次後便見鏡裡大放光明從那片光裡現出許多離合悲歡榮枯休咎的因緣來大衆看了也有喜的也有怒的也有哀的也有樂的這個揚眉吐氣那個掩口垂頭皺鎖一番嘆息一番看夠多時只見那寶鏡中金光一閃結成了一片祥雲端靄現出了忠孝節義四個大字衆人看了一齊向上叩首口中齊祝聖壽無疆那殿頭官又把旗兒一展那些人依然飄空而去愈去愈遠隆入雲中不見踪影悦意夫人向天尊道今天日尊的這番發落可謂歡喜慈悲只是這班忠臣孝子義夫節婦雖然各人因果不同天尊何不大施

法力暗中呵護使他不離而合不悲而歡有榮無枯有休
無咎也顯得天尊的造化更可以培養無限天和天尊意
下何如天尊道夫人你不見那後邊的許多人便都是這
班兒牽引的線索護衛的爪牙至於他各人到頭來的成
敗還要看他入世後怎的個造因纔知他沒世時怎的個
結果況這氣數有個一定就是作天的也不過奉着氣運
而行又豈能合那氣運相扭你我纔得高坐他化自在天
看這椿兒女英雄公案霎時好耍子也悅意夫人道請問
天尊要作到怎的個地步纔尊得個兒女英雄天尊道這
兒女英雄四個字如今世上人大半把他看成兩種人兩

椿事誤把些使氣角力好勇鬬狠的認作英雄又把些調脂弄粉斷袖餘桃的認作兒女所以一開口便道是某某英雄志短兒女情長某某兒女情薄英雄氣壯殊不知有了英雄至性纔成就得兒女心腸有了兒女真情纔作得出英雄事業譬如世上的人立志要作個忠臣這就是個英雄心忠臣斷無不愛君的愛君這便是個兒女心立志要作個孝子這就是個英雄心孝子斷無不愛親的愛親這便是個兒女心至於節義兩個字從君親推到兄弟夫婦朋友的相處同此一心理無二致必是先有了這個心纔有古往今來那無數忠臣烈士的文死諫武死戰纔有

大舜的完廩浚井泰伯仲雍的逃至荊蠻纔有郊祁弟兄的問答纔有冀缺夫妻的相敬纔有漢光武嚴子陵的忘形這純是一團天理人情沒得一毫矯揉造作淺言之不過英雄兒女常談細按去便是大聖大賢身分但是要作到這個地步却也頗不容易只我從開闢以來掌了這座天關至今縱橫九萬里上下五千年求其兒女英雄英雄兒女一身兼備的也只見得兩個一個是上古的女媧氏只因他一時感動了一點兒女心不忍見那青天的缺陷人面的不同煉成三百六十五塊半五色石補好了青天便完成了浩劫一十二萬九千六百年的覆載拈了一撮

黄土端正了人面便畫一了寅會至酉會八萬六千四百年的人形從兒女裡作出這番英雄事業來所以世人纔號他作神媒一個是掌釋教的釋迦牟尼佛只因他一時奮起一片英雄心不許波斯匿國那些婆羅門外道擾害衆生妄干國事自已割捨了儲君的尊嚴富貴立地削髮出家明心見性修成個無聲無色無臭無味無觸無法的不壞金身任那些外道邪魔惹不動他一毫的煩惱憂恐恐怖把那些外道普化得皈依正道波斯匿國國王纔落得個國治身尊波斯匿國衆生纔落得個安居樂業到後來父母同昇佛果元配得證法華善侶都轉法輪子弟并

登無上從英雄上透出這種兒女心腸來所以衆生都尊
他爲大雄氏此外三代以下秦不足道也講英雄第一個
大畧雄才的莫如漢高祖他當那秦始皇併吞六國統一
四海全盛的時候只小小一個泗上亭長手提三尺劍從
芒碭斬蛇起義便赤手創成了漢家四百年江山似乎稱
得起個英雄氣壯了究竟稱不起何也暴秦無道羣雄併
起逐鹿中原那漢王與西楚霸王項羽連合攻秦約先入
關者王之漢王乘那項王火咸陽弑義帝降子嬰東蕩西
馳的時候早暗地裏閒道入關進位稱王那項王是個力
拔山氣蓋世的腳色枉費一番氣力如何肯休便把漢王

的太公俘了去舉火待烹却特特的着人知會他作個挾制替漢王設想此時正該重視太公輕視天下學那竊父而逃遵海濱而處終身欣然樂而忘天下的故事豈不是從兒女中作出來的一個英雄即不然也是低首下心先保全了太公然後布告天下問罪與師合項王大作一塲成敗在所不計也還不失為能屈能伸的大丈夫本色怎生公然說我翁即而翁而欲烹而翁請分我一盃羹幸而項王無謀被他這幾句話牢籠住了不會作出來倘然萬有一失他果的謹遵台命把太公烹了分盃羹來非將孝可後說漢王料定項王有勇無謀斷然不敢下手兵不[illegible]

詐即以右之矛還戳君之盾那項王是個殺人不貶眼的魔君漢王豈不深知豈有以父子天親這等賭氣鬬智的所以禍不旋踵天假呂后變起家庭趙王如意死於酖毒戚夫人慘極人彘以致孝惠不祿這都因漢高祖沒有兒女真情枉作了英雄事業纔遺笑千古英雄再要講到兒女第一個情深義重的莫如唐明皇爲了一個楊貴妃焚香密誓私語告天道是在天願爲比翼鳥在地願爲連理枝這番恩愛似乎算得是個兒女情長了究竟算不得何也當元宗天寶改元以後把個楊貴妃寵得迭蕩驕縱幃薄不修那楊貴妃的來歷倒也不消提起致傷忠厚獨

他既有個梅妃又想着楊妃及至得了楊妃便棄了梅妃又不能終棄梅妃以至惹下楊妃自已左右的兩個人尚且調停不轉又丟下六宮佳麗私通三國夫人除了選色徵歌之外一槩付之不聞不問任着那五王交橫奸相當權激反胡奴漁陽兵起他却有賊不討轉把個不穩的天下丟開不問帶上個受累的貴妃避禍而行及至弄到兵變馬嵬六軍抗命却又束手無策不知究奸相責驕帥斬亂兵眼睜睜的看着人把個平日愛如性命的得寶子生生逼死忍壞在彼七月七日長生殿的話豈忘之乎況且春秋逼例法在誅心安祿山之來爲楊貴妃而來不是合

唐家有甚的不共戴天之仇唐明皇之走也明知安祿山爲着楊貴妃而來合唐家說甚不共戴天之仇所以纔不辭蜀道艱難護着貴妃遠避及至貴妃既死還瞻顧何來自然就該王赫赫斯怒撥轉馬頭滅安祿山之首懸之太白也還博得個失之東隅收之桑榆給天下兒女子吐一口氣何以又三郎郎當三郎郎當愈走愈遠固無怪肅宗即位靈武不俟成命日後的南內西內左遷右遷父子之間愈弄愈弄出一番不好處的局面來就便楊貴妃以有限歡娛無多受享也使他落了一生笑柄萬古羞名這都因唐明皇没有英雄至性空談些兒女情腸纔哭壞世間兒

女可見英雄兒女四個字除了神媒大雄之外一個有名的大度赤帝子風流李三郎尙且消受不得勉力不來怎的能向平等衆生身上求全責備方今正値天上日午中天人間堯舜在上仁風化雨所被不知將來成全得多少兒女英雄正好發落這班兒入世作一揚兒女英雄公案成一篇人情天理文章點綴太平盛事這便是今日緣起齊展寶鏡高懸發落這椿公案的本意也悅意夫人聽了一一領會一切人天皆大歡喜只見天尊把龍袖一擺殿頭官纔喝得聲退班那燕北閒人耳輪中只聽得一片鐘聲鼓進足足適着便是地所山崩價一聲響亮嚇得他

一步踏空雲脚一個立足不穩早從雲端裡落將下來一跤跌醒却是一場大夢睜開眼來看看但見院子裡一班逃學的孩子正在那裡捉迷藏耍子口裡只嚷道捉捉捉面前却立着合他同硯的一個新安畢生手裡拿着一方界尺拍得那桌子亂響笑嘻嘻的叫道醒來醒來淸天白日却怎的這等酣睡他道我正夢着一段新奇文章不曾聽得完却被你們這般人來打斷了說着便把他夢中所聞所見雲端裡的情節詳細告訴了那畢生一遍畢生道先生不在館你看他大家在那裡捉迷藏捉得好不熱鬧我正要拉你去一同作耍你倒捉住我說這雲端裡的夢

話快來捉迷藏去說着拉了他便走那閒人也就信步隨了他去一時早把夢中的話忘了一半不因他這番一個迷藏一捉一生也不曾作得一個好夢只着了半世昏迷迷而不覺也就變成不可圬也的一堵糞土之牆不可雕也的一塊朽木便落得作了個燕北閒人列公牢記話頭只此正是那個燕北閒人的來歷併他所以作那部正法眼藏五十三叅的原由便是吾了翁重訂這部兒女英雄傳評話的緣起這正是雲外人傳雲外事夢中説與夢中聽要知這部書傳的是班甚麼人這班人作的是樁甚麼事怎的個人情天理又怎的個兒女英雄這回書纔得是

全部的一個楔子但請叅觀便見分曉

兒女英雄傳　卷　緣起首回　平七　聚珍堂

兒女英雄傳評話緣起首回終

兒女英雄傳評話第一回

隱西山閉門課驥子　捷南宮垂老占龍頭

兒女英雄傳的大意都在緣起首回交代明白不再重敘這部書究竟傳的是些甚麼事一班甚麼人出在那朝那代列公壓靜聽說書的慢慢道來這部書近不說殘唐五代遠不講漢魏六朝就是我朝大清康熙末年雍正初年的一樁公案我們淸朝的制度不比前代龍飛東海建都燕京萬水朝宗一統天下就這座京城地面聚會着天下無數的人才眞個是冠蓋飛揚車馬輻輳與國同休的先數近支遠派的宗室覺羅再就是隨龍進關的滿洲蒙古

漢軍八旗內務府三旗連上那十七省的文武大小漢官何止千門萬戶說不盡的九天閶闔開宮殿萬國冠衣拜冕旒這都不在話下如今單講那正黃旗漢軍有一家人家這家姓安是個漢軍世族舊家這位安老爺本是弟兄兩個大哥早年去世止剩他一人雙名學海表字水心人都稱他安三老爺論他的祖上也曾跟着太汗老佛爺征過高麗平過察哈爾仗着汗馬功勞上頭掙了一個世職進關以後累代相傳京官外任都作過到了這安二老爺身上世職襲次完結便靠着讀書上進所喜他天性高明又肯潛心學業因此上見識廣有學問超羣二十歲上就

進學中舉怎奈他文齊福不至會試了幾次任憑是篇篇錦繡字字珠璣會不上一名進士到了四十歲開外還依然是個老孝廉孺人佟氏也是漢軍世家的一位閨秀性情賢慧相貌端莊針黹女工不用講就那操持家務支應門庭真算得起安老爺的一位賢內助只是他家人丁不旺安老爺夫妻二位子息又遲孺人以前生過幾胎都不曾存下直到三十以後纔得了一位公子這公子生得天庭飽滿地格方圓伶俐聰明粉糚玉琢安老爺佟孺人十分疼愛因他生得白淨乳名兒就叫作玉格單名一個驥字表字千里別號龍媒也不過望他將來如天馬雲龍高

飛遠到的意思小的時候關煞花苗都過交了五歲安老爺就教他認字號兒寫順硃兒十三歲上就把四書五經念完開筆作文章作詩都粗粗的通順安老爺自是歡喜過了兩年正逢科考就給他送了名字接着院考竟中了個本旗批首安老爺安太太的喜歡自不必說連日忙着叫他去拜老師會同案誇官拜客諸事已畢就埋頭作起舉業的工夫來那時候公子的身量也漸漸的長成出落得目秀眉清温文儒雅只因養活得尊貴還是乳母丫鬟圍隨着服侍慢說外頭的戲館飯莊東西兩廟不肯教他混跑就連自己的大門也從不曾無故的出去站站望望

倘然到親戚一家兒走走也是裡頭嬤嬤媽外頭嬤嬤爹的跟着因此上把個小爺養活得十分腼腆聽見人說句外話他都不懂再見人舉動野調些言談粗魯些他便有氣說是下流沒出息就連見個外來的生眼些的婦女也就會臊的小臉兒通紅竟比個女孩兒還來得尊重那安老爺家的日子雖比不得在先老輩手裏所寬裕也還有祖遺的幾處房莊幾戶家人雖然安老爺不善經理家計仗着這位太太的操持也還可以勉强妥穩度日他家的舊宅子本在後門東不壓橋地方原是祖上蒙恩賞的賜第內外也有百十間房子自從安老爺的老太爺手裡因

晚年好靜更兼家裏人口稀少住不了許多房間又不肯輕棄祖業倒把房子讓給遠房幾家族人來住留了兩戶家人隨同看守爲的是房子既不空落那些窮苦本家人等也得省些房租他自家却搬到墳園上去居住他家這墳園又與別家不同就在靠近西山一帶這地方叫作雙鳳村相傳說從前有人見兩隻彩鳳落在這地方山頭上百鳥圍隨因此上得了這個村名這地原是安家的老圈地到了安老爺的老太爺手裡就在這地裡踹了一塊吉地作了墳園蓋了陰陽兩宅又在東南上蓋了一座小小莊子雖然算不得大園庭那亭臺樓閣樹木山石却也點

綴結搆得幽雅不俗附近又有幾座名山大刹圍着莊子都是自己的田園佃戶承種交租那安老爺的老太爺臨終遺言曾囑咐安老爺說我半生在此養靜一片心神都在這個地方將來我百年以後不但墳園立在這裡連祠堂也要立在這裡一則我們的宗祠裡本來沒有地方了二則這園子北面土山以後界墻以前正有一塊空地你就在這地方正中給我蓋起三間小小祠堂立主供奉你們既可以就近照應便是將來的子孫有命作官固好不然守着這點地方也還可以耕種讀書不至凍餓後來安老爺便謹遵父命一一的照辦此是前話不提傳到安老

爺手裡這位老爺天性本就恬淡更兼功名蹭蹬未免有些意懶心灰就守定了這座莊園課子讀書自已也理理舊業又有幾家親友子弟因他的學問高深都送文章請他批評改正一天却也沒些空閒偶然閒來不過飲酒看花消遣歲月等閒不肯進城安太太又是個勤儉當家的人每日帶了僕婦侍婢料理針線調停米鹽公子更是早晚用功指望一舉成名不干外事外頭自有幾個老成家人支應門戶又有公子的一個嬤嬤爹這人姓華名忠年紀五十歲光景一生耿直赤胆忠心不但存公子身上十分盡心就連安老爺的一應大小家事也是交給他的他

無不盡心竭力一草一木都不肯糟塌眞算得奶公子裡的一個聖人因此老爺太太待他格外加恩不肯當一個尋常奶公子看待這安老爺家通共算起來內外上下也有三二十口人雖然算不得簪纓門第鐘鼎人家却倒過得親親熱熱安安靜靜與人無患與世無爭也算得個人生樂境了這年正逢會試大比之年新年下安老爺安太太把家中年事一過便帶了公子進城拜過宗祠到至親本家幾處拜望了拜望仍舊回家匆匆的過了燈節那太太便將安老爺下場的考籃號簾裝喫食的口袋盒子衣帽等物打點出來安老爺一見便問說太太你此時忙着

打點這些東西作甚麼太太說這離三月裡也快了拿出來脊看該洗的縫的添的置的早些收拾停當了省得臨時忙亂那安老爺拈着幾根小鬍子兒含笑說太太你難道還指望我去會試不成你算我自二十歲上中舉如今將及五十歲者也考了三十年了頭髮都考白了功名有緣文字無緣也可以不必再作此癡想況你我如今有了玉格這個孩子看去還可以望他成人倒不如留我這點精神心血用在他身上把他成就起來倒是正理太太你道如何太太還沒及答話公子正在那裡檢點那些書具的東西聽見老爺的話便過來規規矩矩漫條斯理的說

道這話還得請父親斟酌的要論父親的品行學業慢道中一個進士就便進那座翰林院坐那間內閣大堂也不是甚麼難事但是功名遲早自有一定天生應吃的苦也要吃的就算父親無意功名也要把這進士中了纔算得作完了讀書的一件大事安老爺聽了笑了一笑說道孩子話那太太便在旁說道老爺玉格這話狠是我也是這個意思這些話我心裡也有就是不能像他說的這麼文謅謅的老爺竟是依他的話打起高興來會他呢中了好極了就算是不中再白辛苦這一盪也不要緊也是嘗過的滋味兒罷咧列公這科甲功名的一途與異路功名却是

大不相同這是件合天下人較學問見經濟的勾當從古至今也不知牢籠了多少英雄埋沒了多少才學所以這些人盡可考到老不得這個中字此心不死安老爺用了半生的心血難道果真就肯半途而廢不成原是見了這些考具一時的牢騷話及至聽見公子小小年紀說了這一番大道理心中暗暗歡喜又恐怕小人兒高興只得笑着說是小孩子話及至太太又加上一番相勸不覺得就鼓起高興來說道既如此就依你們娘兒們的話左右是家裡自坐着再走這一盪就是了說着看看到了三月初間太太把老爺的衣帽鋪蓋吃食等件打點清楚公子也

打[illegible]疊洗硯台包草稿紙諸事停當這安老爺便坐車進城也不租小寓就在自己家裡住下這房子雖說有幾家本家住着正所兒沒佔原備安老爺太太公子有事進城住的平日自有留下的家人看守這家人們知道老爺回家前幾天就收拾鋪設掃地焚香的預備停妥到了三月初六日太太打發公子帶了雖侍家丁跟隨老爺進城進場出場又按着日子打發家人接送預備酒飯打點吃食公子也來請安問候都不必細說三場已畢這老爺出了場也不回家從場門口坐上車便一直的回莊園來太太公子接着問好請安預備酒飯問了一番場裡光景

一時飯罷公子收撿筆硯便在卷袋裡找那三場的文章草稿尋了半日只尋不着便來問安老爺說文章稿子放在那裡了等我把頭場的詩文抄出來好預備着親友們要看安老爺說我三場都沒存稿子這些事情也實在作膩了便有八股着也不過加上幾個密圈寫上幾句通套批語贊揚一番說這次必要高中了究竟到了出榜還是個依然故我也無味的狠所以我今年沒存稿子不但不必抄給人看連你也不必看這一出場我就算中了說罷拈鬚而笑公子聽了無法只得罷了日月迅速轉眼就是四月到了放榜的頭一天晚上這太太弄了幾樣菓子酒

菜預備老爺候榜好聽那高中的喜信安老爺坐下就笑着說道這大槩是等榜的意思了聽我告訴你們外頭只知道是明日出榜其實塲裡今日早半天就拆彌封塡起榜來了規矩是拆一名唱一名塡一名就有那班會想錢的人從門縫兒裡傳出信來外頭報喜的接着分投去報如今到了這時候不見動靜大約早報完了不必再等你們既弄了這些吃的我樂得吃個河落海乾睡覺說着吃了幾杯悶酒又說了會閒話眞個就倒頭酣呼大睡那太太同公子并內外家人不肯就睡還在那裡左盼右盼看看等到亮鐘以後無信大家也覺得是無望了又乏又困

興致索然只得打點要睡上房將然關了房門忽聽得大門打得山響一片人聲報說頭二三報報安老爺中了第三名進士列公你道安老爺旣中得這樣高爲甚麼直到此時纔報原來塡榜的規矩從第六名塡起前五名叫作五魁直等把榜塡完就是半夜的光景了然後倒塡五魁到了塡五魁的時候那場裡辦場的委員以至書吏衙役厨子火夫都許買幾斤蠟燭用釘子釘的大木盤插着托在手裡輪流圍繞照燿如同白晝叫作鬧五魁那點過的蠟燭拿出來送人還算一件取吉利的人情禮物因此上眞到安老爺的名字已是四更天的光景那報喜的雖

想這個五魁的頭報一得了信便隨着起早下圓明園的車馬從西直門連夜飛奔而來所以到這裡還沒亮閑話休提這太太因等不見喜信正在卸妝要睡聽得外面喧嚷忙叫人開了房門出去打聽那門上的家人早把報條接了進來給老爺太太公子叩喜這一番吵吵安老爺也醒了連忙披衣起來公子呈上報條看了滿心歡喜一時想起來自己半生辛苦黃卷靑燈直到鬢髮蒼然纔了得這樁心願不覺喜極生悲倒落了幾點淚太太也覺心中頗有所感忍淚含笑勸解說老爺這正該喜歡怎麽倒傷起心來呢定了一會大家纔喜逐顏開滿臉堆下笑來公

子便去打點寫手本拜帖職名以及拜見老師的贄見門包封套家人們在外邊開發喜錢緊接着就有內城各家親友看了榜先道人來道喜把位安太太忙得頭臉也不曾好生梳洗得正是人逢喜事精神爽之也忘了困也沒了忙忙的帶着了鬟僕婦一面打點帽子衣服又去平兌銀兩找紅氈拿拜匣所喜都是自己平日勤謹的好處一件一件的預先弄妥還不費事安老爺看着太太忙得連袋烟也沒工夫吃便說道太太不必忙今日沒事有一天的工夫呢我後半天進城不遲歇歇再收拾罷說着自己梳洗已畢忙穿好了衣服先設了香案在天地前上香盡

頭又到佛堂祠堂行過了禮然後內外家人都來叩喜這些情節都不必細講安老爺一面料理了些自己隨手用的東西便催着早些吃飯吃飯中間公子便說雖然多辛苦了幾次如今却高高的中了個第三可謂上天不負苦心文章自有定論將來殿試那一甲一名也不敢必也中個第三就好了安老爺笑說這又是孩子話了那一甲三名的狀元榜眼探花偺們旗人是沒分的也不是旗人必不配點那狀元榜眼探花本朝的定例覺得旗人可以吃錢糧可以考繙譯可以挑侍衛宦途比漢人寬些所以把這一甲三名留給天下的讀書人大家巴結去這是本朝

珍重名器培植人材的意思況且探花兩個字你可知道他怎麼講那狀元自然要選一個才貌品學四項兼備的不用講了就是探花也須得個美少年去配他爲的是瓊林宴的這一天叫他去折取杏花大家簪在頭上作一段瓊林佳話這是唐代的故事你看我雖然不至於老邁不堪也是望五的人了世上那有這樣白頭蹀躞的探花豈不被杏花笑人果然那樣那不叫作探花倒叫作笑話兒了公子道便不得探花翰林也是穩的老爺說那又不然在常情論那名心重的自然想點個翰林院的庶常利心重的自然想作個榜下知縣有才氣的自然想用個部主

事到了中書就不大有人想了歸班更不必講我的見識
却與人不同我第一怕的是知縣不拿出天良來作我心
裡過不去拿出天良來作世路上行不去那一條兒路可
斷斷走不得至於那入金馬登玉堂是少年朋友的事業
我過了景了就便用個部屬作呢還作得來但是這個年
紀還靴桶兒裡掖着一把子稿滿道四處去找堂官也就
露着無趣我倒想用個冰冷的中書三年分內外用難道
我還就外用不成那時一紙呈兒挂冠林下倒是一樁樂
事不然索性歸了班十年後纔還得着且不問這十年後
如何就這十年裡我便課子讀書成就出一個兒子來也

算不虛度此生了公子自是不敢答言安太太聽了說道老爺也忒慮得遠我只說萬事都是盡人事聽天命自有個一定老爺說太太這話却倒不錯說話間一時吃罷了飯便有幾家拜從看文章的門生學生趕來道喜人來人往應酬了一番那天就不早了安老爺纔得進城到了住宅早有部裏長班送信告知老爺中在第幾房并房師的官銜姓名科分住處從次日起便去拜房師拜座師認前輩會同年會同門公請老師赴老師請刻齒錄刻硃卷那房師座師見了都說一見你這本卷子便知為老手宿儒晚成大器如今果然可見文有定評說着十分讚賞道安

老爺一連忙了數日不曾得閒直等謝恩領宴諸事完畢纔得畧略安靜五十歲的老頭兒也得伏案埋頭作起楷來轉眼覆試朝考已過緊接着殿試那老爺的策文雖比不得董仲舒的天人三策却頗頗的有些經濟議論與那抄策料填對句的不同那些同年見了都道定入高選怎奈老爺是個走方步的人凡那些送字樣子送詩篇兒這些門路都不曉得去作自已又年屆五旬那殿試卷子作的雖然議論恢宏寫的却不能精神飽滿因此上殿了一個三甲及至引見到了老爺這排奏完履歷望人往下一看見他正是服官政的年紀臉上一團正氣胸中自然是

一片至誠這要作一個地方官斷無不愛惜民命的理就在排單裡安學海三個字頭上點了一個硃點用了榜下知縣少時引見一散傳下這旨意來安老爺一聽心裡說道完了正是我怕走的一條路恰恰的走到這條路上來登時倒抽了一口氣涼了半截心裡的那番懊惱不但後悔此番不該會試一直悔到當年不該讀書在人羣兒裡險些兒不曾哭了出來便有一班少年新進湊來攜手作賀有的說班生此去何異登仙又有的說當年是擁書權拜小諸侯而今真個百里侯矣又有一班外行朋友說是這榜下即用是老虎班一到就補好缺的又有的說在京

的和尚出外的官這就得了一面就答訕着薦幕友薦長
隨落後還是幾位老師認眞關切走來問道外用了不必
介意文章政事都是報國況這宦途如海那有一定的且
回去歇歇再談罷這老爺也只得一一的應酬一番又有
那些拜從看文章的門生跟着送引見見老爺走了這送
轉覺得依依不捨安老爺從上頭下來應酬了大家幾句
回到下處吃了點東西向應到的幾處勉强轉了一轉便
回莊園上來那時早有報子報知家人們聽見老爺得了
外任個個喜出望外只有太太合公子見老爺進門來愁
眉不展面帶憂容便知是因爲外用的原故一時且不好

安慰倒提着精神談了些沒要緊的閒話老爺也强爲歡笑說鬧了這許多天了實在也乏了且讓我歇一歇兒慢慢的再計議罷誰想有了年紀的人外面受了這一向的辛苦勞碌心裡又加上這一番的煩惱憂思次日便覺得有些鼻塞聲重胸悶頭暈懨懨的就成了一個外感內傷的病安太太急急的請醫調治好容易出了汗寒熱往來又轉了瘧疾瘧疾纔止又得了秋後痢疾無法只得在吏部遞了呈子告假養病每日價醫不離門藥不離口把個安太太急得燒子時香吃白齋求籤許愿鬧得寢食不安連公子的學業功課也因侍奉湯藥漸漸的荒廢下來直

到秋盡冬初安老爺纔得病退身安起居如舊依安老爺的心裡早就打了個再不出山的主意了怎奈那些關切一邊的師友親戚骨肉都以天恩祖德報國勤民的大義勸勉老爺又是位循規蹈矩聽天任命不肯苟且的人只得呈報銷假投供可巧正遇着南河高家堰一帶黄河决口俗語說倒了高家堰淮揚不見面這一個水災也不知傷了多少民田民命地方大吏飛章入奏請帑並請揀發知縣十二員到工差遣委用這一下子又把這老爺打在候補候選的裡頭挑上了列公安老爺這樣一個有經濟有學問的人難道連一個知縣作不來何至於就愁病交

加到這步天地有個原故只因這老爺的天性恬淡見識高明應讀詩書閱盡世態見世上那些州縣官兒不知感化民風不知愛惜民命講得是走動聲氣好弄銀錢巴結上司好謀升轉甚麼叫錢穀刑名一槪委之幕友官親家丁書吏不去過問且圖一個旗鑼傘扇的豪華酒肉牌摴的樂事就使有等稍知自愛的又苦於衆人皆醉不容一人獨醒得了百姓的心又不能合上司的式動輒不是給他加上個難膺民社就是給他加上個不甚相宜輕輕的就端掉了依然有始無終求榮反辱因此上自已一中進士就把這知縣看作了一個畏途如今索性挑了個河工

這河工更是個有名的虛報工段侵冒錢糧逢迎奔走吃喝攪擾的地方比地方官尤其難作自己一想可見宦海無定食路有方天命早已安排在那裡了倒不如聽命由天的闖着作去或者就這條路上立起一番事業上不負國恩下不負所學也不見得老爺存了這個念頭倒打起精神次第的過堂引見拜客辭行一切瑣屑事情都已完畢纔回到莊園略歇息了歇息便有那些家人回說欽限緊急請示商量急的起行那些家人也有說該坐長船的也有說該走旱路的也有說行李另走的也有說家眷同行的安老爺說你們大家且不必議論紛紛我早有了一

個牢不可破的主見在此這正是得意人逢失意事一番歡喜一番愁要知那安老爺此番起行赴官怎的個主見下回書交代

兒女英雄傳評話第一回終

兒女英雄傳評話第二回

沐皇恩特授河工令　忤大憲冤陷縣監牢

這回書緊接前回講的是那安老爺揀發了河工知縣把外面的公私應酬料理已畢便在家打點起上路的事來這日飯罷無事想要先把家務交代一番因傳進了家中幾個中用些的家人內中也有積伶些的也有糊塗些的誰不想獻個殷勤討老爺喜歡好圖一個門印的重用那知老爺早打了個雇來回車的主意便開口先望着太太說道太太如今咱們要作外任了我想我此番到外任去慢講補缺的話就這候補知縣也不知天准我作不准我

作還不知我准我作不准我作說到這裏大家就先怔了一怔太太只得答應了一聲又聽老爺往下說道我的怕作外官太太是知道的此番偏偏的走了這條路在官場上講實在是天恩我有個不感激報効的嗎但是我的素性是個拘泥人不喜繁華不善應酬到了經手錢糧的事我更怕如今到外頭去作官自然非家居可比得學些圓通但那圓通得來的地方好說到了圓通不來我還只得是笨作行得去行不去我可就不知道了所以我的主意打算暫且不帶家眷我一個人帶上幾個家人輕騎減從的先去看看路數如果處得下去到了明秋我再打發人

來接家眷不還家裡的事向來我就不大管都是太太操心不用我囑咐我的盤纏現有的儘可敷衍也不用打算我所慮者家裡雖有兩個可靠的家人實在懂事的少玉格又年輕萬一有個緊要些的事兒以至寄家信帶東西這些事情我都托了烏明阿烏老大了他雖合咱們滿州漢軍隔旗却是我第一個得意門生他待我也實在親熱那個人將來不可限量太太自看着幾天早就上去了我起身後他必常來來時太太總見見他玉格也可以合他時常親近那是個正經人此外第一件心事明年八月鄉試玉格務必教他去觀觀場因向公子說你的文章我已

經托莫友士先生合吳侍郎給你批閱可按期取了題目來作了分投送去公子一一答應說到這裡太太纔要說話只見老爺又說道哦還有件事前日我在上頭遇見偺們旗的卜德成卜三爺趕着給玉格提親太太聽見有人給公子提親連忙問道說得是誰家老爺道太太不必忙着問這門親不好作大約太太也未必願意他說的是隆府上的姑娘你算我家雖不是查不出號兒來的人家現在通共就是我這樣一個七品大員無端的去合這等潤人家兒去作親家已經不必況且我打聽得姑娘脾氣驕縱相貌也很平常我走後儻然他再托人來說就回復說

我沒留下話就是了至於玉格今年纔十七歲這事也還不忙我的意思總等他進一步功名成就纔給他提親呢太太說這家子總了去敢是不大合式拿着我們這麼一個好孩子再要中了也不怕沒那富室豪門找上門來只怕兩三家子趕着提來還定不得呢老爺說倒也不在乎富室豪門只要得個相貌端正性情賢慧持得家吃得苦的孩子那怕他是南山裏北邨裏都使得太太說教老爺說的真個的我們孩子怎麼了就娶個南山裏北邨裏的這時候且說不到這些事倒是老爺纔說的一個人兒先去的話還得商量商量老爺雖說是能吃苦也五十歲的

人了況且又是一場大病纔好平日這幾個了頭們服侍老婆了們伺候我還怕他們不能週到都得我自已調停如今就靠這幾個小子們如何使得呢再說萬一得了缺或者署事有了衙門老爺難道天天在家不成別的慢講這顆印是個要緊的衙門裡要不分出個內外來斷乎使不得老爺白想想老爺說何嘗不是呢我也不是沒想到這裡但是玉格此番鄉試是斷不能不留京的既留下他不能不留下太太照管他這是相因而至的事情可有甚麽法兒呢那公子在一旁正因父親無法不起身赴官自己無法不留京鄉試父子的一番離別心裏十分難過就

以父親的身子年紀講沿路的風霜異鄉的水土沒個着己的人照料也真不放心如今又聽父母的這番為難是因自己起見他便說道我有一句糊塗話不敢說只怕父母不准據我的糊塗見識請父母只管同去把我留在家裡老爺太太還沒等說完齊說道那如何使得公子說請聽我回明白了要講應酬世路料理當家我自然不中用但我向來的膽兒小不出頭受父母的教導不敢胡行亂走的這層還可以自信至於外邊的事現在已經安頓妥當了家裡再留下兩個中用些的家人支應門戶我不過查查問問便一意的用起功來等鄉試之後中與不中就

趕緊起身後趕了去也不過半年多的光景一舉三得可不知使得使不得太太聽了只是搖頭老爺也似乎不以爲可但是左歸右歸總歸不出個道理來還是老爺明决料着自己一人前去有多少不便大家又彼此都不放心聽了公子的這番話想了一想便向太太道玉格這番話雖說的是孩子話却也有些兒見識我一個人去你們娘兒兩個都不放心太太既同去太太便没有甚麽不放心的了有了太太同去玉格又没甚麽不放心的了可又添上了個玉格在家我同太太的不放心這本是椿天生不能兩全的事譬如咱們早在外任如今從外任打發他進

京鄉試難到我合太太還能跟着他不成况且他也這麽樣大了歷練歷練也好他既有這志向只好就照他這話說定了罷太太想着怎樣那太太聽了自然是左右爲難但事到其間實在無法便向老爺說道老爺兒的自然不錯就這樣定規了罷但是老爺前日不是說帶了華忠去麽如今既是這樣說定了把華忠給玉格留下那個老頭子也勤謹也嘴碎跟着他裡裡外外的又放一點兒心老爺連說有理我要帶了華忠去原爲他張羅張羅我的洗洗涮涮這些零星事情看個屋子如今把他留下就該派戴勤去也使得戴勤手裡的事有宋官兒一個人也照料

過來了當日計議已定便連日的派定家人收拾行李安老爺一面又把自己從前拜從過一位業師跟前的世弟兒程師爺請來留在家中照料公子溫習舉業幫着支應外客那程師爺單名一個式字他也有個兒子名叫程代弼雖不能文却寫得一筆好字便求安老爺帶去不計修金幫着寫寫來往書信外邊去的是門上家人晉升籤押家人業通料理家務家人梁材還有戴勤并華忠的兒子隨緣兒大小跟班的三四個人外爲長隨兩三個人以至厨子火夫八等內裡帶的是晉升家的梁材家的戴勤家的並張進寶的媳婦隨緣兒媳婦便是戴勤的女孩兒并其

餘的婆子丫鬟共有二十餘人老爺一輛太平車太太一輛河南棚車其餘家人都是半裝半坐的大車諸事安排已畢這老爺太太辭過親友拜別祠堂便擇了個長行吉日帶領裡外一行人等起身南下這日公子送到普濟堂老爺便不教往下再送當下爺兒娘兒們依依不捨公子只是垂淚太太也是千叮萬囑沾眼抹淚的說個不了老爺便忍着淚說道幾天的離別轉眼便得聚會何必如此說着又吩咐了公子幾句安靜度日齊勉讀書的話竟自合太太各各上車去了公子送了老爺太太動身服侍着那車去得遠了還在那裡呆呆的呆望那老爺太太在車

上也不由得幾次的回頭遠望只是戀戀不捨這正是古人說的世上傷心無限事最難死別與生離這公子一直等一行車輛人馬都已走了又讓那些送行的親友先行然後纔帶華忠並一應家人回到莊園眞個的他就一納頭的杜門不出每日攻書按期作文起來這且不表且說那安老爺同了家眷自普濟堂長行當日住了常新店沿路無非是曉行夜住渴飲饑飡不則一日到了王家營子渡過黃河便到南河河道總督駐劄的所在正是淮安地方早有本地長班預先給找下公館沿河接見上下一行人便搬運行李暫在公館住下安老爺草草的安頓已畢

便去拜過首縣山陽縣各廳同寅見過府道然後纔上院投遞手本稟到稟見那河台本是個從河工佐雜微員出身靠那逢迎鑽幹的上頭弄了幾個錢却又把皇上家的有用錢糧作了他致送當道的進身獻納不上幾年就巴結到河工道員又加他在工多年講到那些裹頭挑壩下埽加隄的工程怎樣購料怎樣作工怎樣省事怎樣賺錢那一件也瞞他不過因此上歷署兩河事務就得了南河河道總督待人傲慢驕奢居心忮刻陰險那時同安老爺一班兒揀發的十二人早有一大半各自找了門路要了書信先提到河工爲的是好搶着鑽營個差委及至安老

爺到來投遞了手本河台看了便覺他怠慢來遲又見京中不曾有一個當道大老寫信前來托照應他便疑心安老爺仗着是個世家旗人有心傲上隨吩咐說教他等見官的日子隨衆恭見安老爺是個坦白正路人那裡留心這些事一般也隨衆打點些京裡的土儀給河台送去及至送到院上巡捕傳了進去交給門上那門上家人看了看禮單見上面寫着不過是些京靴繡紳杏仁冬菜等件便向巡捕官發話道這個官兒來得古怪呀你在這院上當巡捕也不是一年咧大凡到工的官兒們送禮誰不是嗶嘰呢羽綢緞皮張還有玉玩金器朝珠洋表的怎麽這

位爺送起這個來了他還是河員送禮還是看墳的打抽豐來了這不是擺明沒法兒也得給他回上去說着回了進去又從中說了些憐恤話那河台心裡更覺得是安老爺瞧他不起又加上了三分不受用當時吩附出來說大人向不收禮這樣的費心費事教安太爺留着送人罷次日正是見官日子安老爺也隨衆投了手本少時傳見那河台先算定了安老爺是個不通世路沒有能幹的人及至見面遞上履歷纔知這老爺是由進士出身又見他舉止安詳言詞慷慨心裡說這人既是如此通達諳練豈有連個送禮的輕重過節兒他也不明白的理這分明看我

是個佐雜出身他自己又是兩榜輕慢我的意思倒得先拿他一拿因又動了個忌才之意淡淡的問了幾句話就起身讓走送出來了那安老爺也只道新官見面之常不過如此也不在意從此就在淮安地方候補聽差除了三八上院朔望行香倒也落得安閒無事安老爺本是個雅量遇着那些同寅宴會却也去走走但是一有了歌兒舞女再遇見打牌搖攤可就弄不來了久之那些同寅也覺得他一人向隅滿座不歡漸漸的就有些聲氣不通起來這且不在話下却說河台一日接得邳州稟報稟稱邳州管河州判病故出缺這缺本是個工段最簡的冷靜地方

又恰巧輪到安老爺署事到班便下劄懸牌委了安老爺前往署事安老爺接了委牌稟辭出來又到府裡稟辭淮安府見面先談了幾句官話便問吾兄你請定了幕中的朋友了沒有安老爺說卑職到此不久人地生疏正要合大人討人呢知府說狠好那前任請的朋友錢公就狠妥當你就請他蟬聯下去罷說着從靴掖兒裡掏出一個名條安老爺連忙的接過來見上面寫着錢如甫三個字當下收了這天便是山陽縣請吃晚飯飲酒中間安老爺也請教了一番到工如何辦事的話那首縣便說辦工首在得人兄弟這裡却有一個千妥萬當的人他從前就在那

州衙門如今在兄弟這裡只是兄弟這裡人浮於事實在用不開二哥你帶了他去大可助你一臂之力說着便叫了那人來叩見安老爺一看見那人生得大鼻子高顴骨一雙鼠目幾根黃鬚看去就不像個安分之徒因是首縣薦的便先問了問他的名姓那人回稱姓霍名叫士端那首縣便道明日就到安太老爺公館伺候去罷那人謝了一謝便退下去一時酒散安老爺次日便拜客辭行帶了家眷奔邳州而來於路無話到了那裡自有一班的書吏衙役迎接并那到任堂規以至同城官員如何接風宴會都不必煩瑣敍安老爺到任後所喜工輕政簡公事無多老

夫妻二人就照平日在家一般的過起勤儉日子來心中只是記挂着公子所喜接得幾封家信知道家中安靜公子照常讀書也就無可惦念了一日安老爺接着邳州汛河巡檢的稟報稱沿河碎石坦坡一段被水沖刷土岸蟄陷稟請興修安老爺接了稟帖親自帶了工書人等到工查看不過有十來丈工程偶因木樁脫落以致碎石倒塌散漫却都不曾沖去儘可撈用那土工也蟄陷無多自己雖不懂看了去大約也不過百十金的事回來便吩咐該房書役辦稿就在歲修銀兩項下動支趕辦次日房裡送進稿來先送師爺點定簽押呈上老爺標畫兒那稿

倒還辦得明白只那工段的尺丈購料的堆垛錢糧的多少却空着沒填傍邊粘着一個小小紅籤兒上寫着請內批三個字那核辦的師爺也不曾填寫老爺當下叫籤押說你去問問師爺這數目怎麼沒填寫想是漏了少停籤押回稱說問過師爺師爺說候老爺把錢糧數目批定再核料物尺丈向來是這等辦的老爺說這怎麼講難道我自己會銷算不成你大約沒聽清楚等我自己問去罷說着便起身來到書房那師爺聽得東家過來了連忙換上了帽子作揖迎接脚底下可還是兩隻鞋送茶讓坐已畢老爺說問起這句話來只見那師爺咬文嚼字的說道規

外是這等的要東家批定了輙多少錢糧晚生纔好照着那錢糧的數目核算工料的老爺說那丈尺是勘明白了既有了丈尺自然是核着丈尺算工料核着工料算錢糧怎麼倒先定錢糧數目呢況且叫我批定又怎樣個約略核計多少呢譬如就照前日現勘的丈尺據先生你看該用多少錢糧那師爺說要照現勘的丈尺多也不過百十金罷了老爺說可又來就着這數目據實報出去就是了那師爺遠遠搖頭說這是作不來的老爺便問這又怎麼講呢那師爺道承東家不棄請晚生在這衙門幫辦公事可不敢不傾心吐膽的奉告我們這些河工衙門這據實

兩個字是用不着行不去的哪郎如東家從北京到此盤費日用府上衙門內外上下那一處不是用錢的況且京中各當大老合本省的層層上司以致同寅相好都要應酬的到尤其不容易這也在東家自己晚生也不敢冒昧多說但是就我們這衙門講晚生是有也可沒有也可倒也不計較只這內而門印跟班以至厨子火夫外而六房三班以至散役那二個不是指望着開個口子弄些工程吃飯的此猶其小焉者也再加一個工程出來府裡要費道裡要費到了院費更是個大宗這之後委員勘工要費驗工要費以至[illegible]來的料費部費層層面面那裡不要苦

干的錢東家是位高明不過的請想想可是據實兩個字行得去的老爺聽了這話心下一想要是這樣的頂法這豈不是拿着國家有用的帑項錢糧來供大家的養家肥己胡作非爲麽這我可就有點子弄不來了因向那師爺說道據先生你講起來這外費是沒法的了至於我的家人斷乎不必我的這層更不消提起那師爺見不是路頭然不願意但是三分匠人七分主人也無法只得含含糊糊的核了二三百金的錢糧報了出去從此衙門內外人人報怨不說老爺清廉倒道老爺獃氣都盼老爺高升說再要作下去大家可就都扎上口袋嘴兒了且不說衆人

[illegible]大老爺傳　一

的七言八語却說一日忽然院上發下了一角公文老爺折開一看原來是自已調署了高堰外河通判老爺看畢正在心裡納悶說我到這裡不久又調署了高堰這是何意早見那長隨霍士端興匆匆的走上來道喜說這實在是件想不到的事這缺要算一個美缺差不多的求也求不到手如今調署了老爺這是上頭看承得老爺重再不然就是老爺京裡的有甚麼硬人情兒到了這番調動老爺可必得像模像樣答上頭的情纔使得呢老爺便說我也不過是盡心竭力事事從實慎重皇上家的錢糧愛惜小民的性命就是答了上司的情了難道還有個甚麼別

的法子不成霍士端説這個全不在此只這眼前便有一個機會小的正要回老爺這下月便是河台的正壽可不知老爺打算怎麽樣個行法老爺道那早已辦妥當了我上次在淮安首縣就説過每人備銀五十兩公送壽屏壽禮我已經交給首縣了霍士端笑道難道老爺打算這樣就完了不成老爺説依你還要怎樣呢霍士端回説小的可敢説怎麽樣呢不過是老爺待小的的恩典見不到處罷了既見到了要不拿出血心來提補老爺那小的就替盡天良了就小的知道的説那淮徐道是綢緞紗羅淮揚道辦的秀氣是四方硯台外面看着是一色的紫檀匣子

盛着端石硯台裡面都用赤金鑲成再用漆罩上一將涼
分體可就不菲淮海道是一串珍珠手串八兩遼參河庫
道辦的更巧是尋人到大人原籍置一頃地把莊頭佃戶
兌給本宅的少爺卻把契紙裝了一個小匣兒帶到院上
當面送的就是那二十四聽也各有各的路數各有各的
巧妙老爺如今就這五十兩公分如何下得去何況老爺
現在調署這樣一個美缺呢老爺說這可就罷了我了沒
說我沒有這樣家當便有我也不肯這樣作法霖士端說
這事老爺有甚麼不肯的這是有去有來的買賣不過是
拿國家庫裡錢[illegible]糧裡的眼弄得好巧了還是個對合子

的利兒呢不然的時候可惜這樣個好缺只怕偺每站不穩老爺聽到這裡便說你不必往下講了去罷去罷那安士端看這光景料是說不進去便趄趄的退了下來另作他自己的打算去了話休絮煩安老爺自從接了調署的劄文便一面打發家眷到高堰通判衙門任所自己一面打點上院謝委就便拜河台的大壽不日到了淮安正遇河台壽期將近預先擺酒唱戲公請那些個河員衆人的禮物都是你賭我賽不亞如那臨潼鬪寶一般獨安老爺除了五十兩公分之外就是磕了三個頭吃了一碗麵便匆匆的謝委稟辭上任而去不則一日到了新任只見那

裡人烟輻輳地道繁華便是衙門的氣概吏役的整齊也與那冷清清的邳州小衙門不同更兼工段綿長錢糧浩大公事紛繁一連幾日接交代點垛料核庫冊又加上安頓家眷把個安老爺忙得茶飯無心坐臥不定這纔料理清楚列公你道那河台既是合安老爺那等不合式安老爺又是個古板的人在他跟前沒有一毫的趨奉此外又不曾有個致意托情的他怎然把安老爺調了這樣一個美缺到底是個甚麼意思列公有所不知這從中有個原故那高堰外河地方正是高家堰的下游受水的地方這前任的通判官兒又是個精明鬼兒他見上次高家堰開

了口子之後雖然趕緊的合了龍這下游一帶的工程都是偷工減料作的斷靠不住他好容易耗過了三月桃汛吃是吃飽了擄是擄夠了算沒他的事了想着趁這個當兒躲一躲另找個把穩道兒走走因此謀了一個留省銷算的差使倒讓出缺來給別人署事那河台本是河工上的一個虫兒他有甚麼不懂的只是收了人家的厚禮不能不應看了看這個立刻出亂子的地方若另委別人誰也都給過個三千二千一千八百的怎好意思呢沒法兒可就想起安老爺來了偏看了看收禮的帳輕重不等大家都格外有些盡心獨安老爺只有壽屏上一個空名字

他已是十分的着憐又見這安老爺的才情見識遠出自
已之上可就用着他當日說的那個拿他一拿的主意了
想着如此把他一調既壓一壓外邊的口舌他果然經歷
伏汎保得無事倒好保他一保不怕他不格外盡心儻然
他辦不來索性把他叅了他也沒的可說因此上纔有這
番調署那安老爺睡裡夢裡也算不到此不想皇天不佑
好心人偏是安老爺到任之後正是春盡夏初長水的時
候那洪澤湖連日連夜長水高家堰口子又沖開一百餘
丈那水直奔了高家堰外河下游而來不但兩岸沖刷進
那民間的田園房舍都沖得東倒西塌七零八落那安[illegible]

難民自有一班兒地方官料理這段大工河現安老爺的責成一面集夫購料一面通稟動帑興修那院上批將下來批得是高堰下游工段經前任河員修理完固歷經桃汛無虞該署員到任正應先事預防設法保護乃偶遇水勢稍長卽至漫決沖刷實屬辦理不善着先行摘去頂戴限一月修復無得草率偷減大干未便安老爺接着了便笑了一笑向太太說道這是外官必有之事況這通榮辱的關頭我還看得清楚太太也不必介意倒是這國帑民命是要緊的說着傳出話去卽日上工就駐在工上會同營原督率那些吏役兵丁工夫認眞的修作起來大

兒女英雄傳　第二回　十六　聚珍堂

家見老爺事事與人同甘同苦衆情躍踴也仗着夫齊料足果然在一月限內便修築得完工雖說不能處處工歸實用比起那前任并各廳的工程也就算加倍的工堅料實大不相同了一面完工一面通報上去要請派員查收你道巧不巧正應了俗語說的屋漏更遭連夜雨船行又遇打頭風偏偏從工完這日下雨起一連傾盆價的下了半個月的大雨又加着四川湖北一帶江水異漲那水勢建瓴而下沿河陡長七八九尺丈餘水勢不弊那查收的委員又是合安老爺不大聯絡的約摸着那賫費也未必出手便不肯剋日到工查收這個當兒越耗雨越不住兩

趕不住水越加長或從別人的上段工上開了個小口子那水直串到本工的土泊岸裡刷成了浪窩子把個不曾淹憲宣收的新工排山也似價坍了下來安老爺急得目瞪口呆只得連夜稟報那河台一見大怒便批道是甫作新工尚未驗收遽致倒塌其爲草率偷減可知仰即候參一面委員摘印接著一面委員提安老爺到淮安候審那委員取出文書給安老爺看見那奏稿上參的是革職拿問帶罪賠修安老爺的頂子本是摘了去的了國家的王法不敢不領立刻就是兩個官役看了起來幸而安老爺是個讀書明理閱歷通達的人毫無一點怨天尤人光景

但說隣省水漲洪澤湖倒灌上段口岸冲决我可有甚麽法子呢斷不敢說寃枉總是我安學海無學無能不識庶務讀書一場落得這步田地辜負天恩祖德再無可說了只是安太太那裡經過這些事情只嚇得他們似篩糠淚流滿面老爺說太太事已至此怕也無益哭也無用我走後你急急的也到淮安找幾間房子住下再慢慢的商量個道理話休絮煩那安老爺同了委員起程太太也任那衙門住不住了便連夜的歸着行李拖泥帶水的也奔淮安而來安老爺到淮投到本没有甚麽可問的情節便交在山陽縣衙門收管追取賠修銀兩還斷那山陽縣因他

是個清官又是官把不曾下在監裡就安頓在監門裡一倆土地祠居住那太太到了淮安還那裡找甚麽公館去暫且在東關飯店安身那時幕友是走了長隨是散了便有幾個孤身跟班的養活不開也薦出去了只剩下程代弼程相公并晉升梁材戴勤隨緣兒幾個家人并些個僕婦丫鬟無處可去可憐安老爺從上年冬裡出任外官算到如今不過半年光景便作了一場黃粱大夢這正是世事茫茫如大海人生何處不風波要知那安老爺夫妻此後怎的個歸着下回書交代

兒女英雄傳評話卷二十終

兒女英雄傳評話第三回

三千里孝子走風塵　一封書義僕托幼主

上回書交代的是安老爺因本管的河工兩次决口那河道總督平日又合他不對便借此參了一本革職拿問帶罪賠修將安老爺下在山陽縣縣監雖說是安頓在土地祠不至受苦那廟裡通共兩間小房子安老爺住了裡間外間白日見客晚間家人們打鋪旁邊的一間小灰棚只可以作作飯菜頓頓茶水安太太租了幾間飯店暫且安身幸而是個另院還分得出個內外只是那賠修的官項計須五千餘金後任工員催逼得又緊老爺兩袖清風一

時那裡交得上沒奈何只得寫了家信打發梁材進京將房地田園折變且喜平日看文章的這些學生裏頭頗有幾個起來的也只得分投寫信托他們張羅好拼湊着交這筆項一面就在家信裡諭知公子無論中與不中不必出京且等看此地官項交完或是開復原官或是如何再作道理梁材候老爺的信寫完封妥收拾了當即便起身那老爺太太自有一番的囑咐不表列公你看拿着安老爺這樣一個學道長者辛苦半生好容易中得一個進士轉弄到這個地步難道果真是皇天不佑好心人不成斷無此理大抵那運氣循環自有個消長盈虛的定數就是

天也是給氣運使喚看定數所關天也無從爲力照這樣講起來豈不是好人也不得好報惡人也不得好報天下人都不必苦苦的作好人了這又不然在那等傷天害理的一網頭的作了去便教作自作孽不可活那是一定無可救藥的了果然有些善根再知悔過這人力定可以回天便教作天作孽猶可違何况安老爺這位忠厚長者呢看不得他飛的不高跌的不重須知他苦的不盡甜的不來這是一再説安老爺若榜下不用知縣不得到河工不到河工不至於獲罪不至獲罪安公子不得上路安公子不上路華蒼頭不必隨行華蒼頭不隨行不至途中患病

華蒼頭不患病安公子不得落難安公子不落難好端端
家裡坐着可就成不了這番英雄兒女的情節天理人情
的說部列公卻莫怪說書的嘵舌閒話休提卻說那河台
一面委員摘取安老爺的印信一面拜發摺子由馬上飛
遞而來不過五六天就得見面當朝聖人愛民如子一見
河水沖決民田受害龍顏大怒便照摺一道旨意將安學
海革職拿問帶罪賠修這個旨意從內閣抄了出來幾天
兒工夫就上了京報那報房裡便換門送看起來安公子
雖是閉門讀書不問外事早有那些關切些的親友得了
信遣人前來探聽也有說白來看看的也有說打點年上

一向有無家信的却都不肯明說這日有向來拜從安老爺看文章的一位梅公子也是個世家前來探望見了安公子便問老師這一向有信麽安公子説便是許久沒接着老人家的諭帖了梅公子又問説也沒聽見甚麽别的事呀安公子見他問的奇怪連忙答説無所聞這話從何問起梅公子道昨日聽見個朋友講起説老師在河工上有個小小的罣誤却也不知其詳要是吏部認得人何不托人打聽打聽見了原奏就可知道詳細了安公子聽説驚疑不定要着人到烏宅打聽偏偏的烏大爺新近得了閣學欽差往浙江查辦事件去了别處只怕打聽得不確

轉致誤事當下那程師爺在坐便說道吏部有我個同鄉正在功司等我去找他問問就便托他抄個原奏的底子來看看就放心了說着連忙起身進城去打聽隨後梅公子也就告辭安公子急得熱鍋上螞蟻一般一夜也不曾好生得睡直到次日晌午那程師爺纔趕回來一見公子便說事體却不小幸喜還不礙說着從懷裡把那鈔來的原奏掏出來遞給公子閱看只見上面的出語寫的是請旨革職拏問帶罪賠修俟該叅員果否能於限內照數賠繳如式修齊再行奏聞請旨公子看完那程師爺又說道據部裡說只要銀子賠完工程報竣還可以送部引見照

這案情大約沒有個不開復的只不曉得老翁任所打算得出許多銀子來不能公子道老人家帶得盤纏本就無多自己又是一文不要的縱然有幾兩養廉這幾個月的日用兩三番的調任大約也用完了任上一時那裡弄得出五六千銀子來家中又別無存項偏烏克齋又上了浙江如果他在京大約弄個兩三千金還容易這便如何是好說着便急得淚流不止程師爺連忙說世兄你且不要煩惱等咱們大家慢慢計議出個道理來公子說我的方寸已亂斷無道理可計議了那時安老爺留在家中照料家務的還有個老家人姓張名叫進寶原是累代陳人年

紀有七十餘歲也見公子十分的着急便同華忠從旁說道我的小爺你別着急儻然你要急出個好歹來我們作奴才的可就吃不住了如今有個商量因向程師爺說道我們小爺本就沒主意再經了這事別爲難他了倒是程師老爺替想想行得行不得這如今老爺是有了銀子就保住官兒了沒有銀子保不住官還有不是老爺任上沒銀子家裡又沒銀子求親靠友去呢就讓八家肯罷誰家也不能存許多現的程師爺便道不必定要如數難道老爺在外頭不作一點打算不成如今弄多少是多少也只好是集腋成裘了那張老頭兒聽了說道好哇正是這

說了因又向公子道這話也不用這說只這眼前就有一個地方可以打算華忠他也知道咱們這西山裡不是有些寶珠洞賜那廟裡當家的不空和尚他手裡却有幾兩銀子向來知道他常放個三頭五百的賬老爺常到他廟裡下棋閑談合他認得奴才們也常見如今就找他去那和尚可是個貪利的大約合他空口說白話也不得行我們圍着莊子的這幾塊地年終不是有二百多銀的租子嗎就把這個對給他合他說明白了按月計利不論年分銀到歸贖合他借多少是多少下餘的再想法子必得這樣那銀子纔打算得快我們小爺是不懂這些事情的程

師老爺你老白替想想怎麼樣那師老爺說道豈但白替想想我承老爺的相待我們又從幼就在一處同親弟兄一樣如今托我在家照料我雖不能爲力難道連一句話也不肯說不成慢講照這樣辦法沒有差錯就便有些差錯老爺日後要怪就算你我一同商量的那使得那銀子有處尋去狠好儻然沒有妥便就是我走一盪也使得那張老頭兒說道怎麼驚動起師老爺來了你老人家別看我這七十來歲的老頭子托我們老爺的福也還巴結着跑的動何況是報答主兒呢華忠聽了便插嘴道老大爺你老人家算了罷那可不是話你要去在你老人家可算

得忠心報主咧不是我說句怎嗎兒的話這個年紀儻然經不得辛苦有點兒頭疼腦熱可不悞了大事了嗎你老人家弄妥當了還是我跑罷那張進寶道你更離不得了你去了這位小爺出來進去的交給誰呀兩個㯽老頭子你一言我一語抬個不了却都爲主人的事公子怔了半天說道你們先不必吵吵先打筭銀子去要緊有了銀子我自已去我已經想了半天了你們想老爺這番光景太太不用急的怎麼個樣兒再加上惦記着我二位老人家心裡更不知怎樣難過不如我去見見倒得放心如果有了銀子就是嬤嬤爹跟我去至多再帶上一個人咱們明

日就起身程師爺笑道世兄你可是不知世路之難了那
銀子借得成否還不得知就便可成還有許多應商的事
如何就定得明日起身呢況且老翁把你留京深望你這
番鄉試一舉成名如今場期將近丟下出京儻然到那裡
老人家的公事已有頭緒了恐怕倒大不是老人家的意
思公子說道不見得我這一進場就中滿算着中了老人
家弄到如此光景我還要這舉人何用程師爺道這是你
的孝思不匱原該如此但此刻正是沿途大水車斷走不
得你難道還能騎長行牲口去不成此事還得斟酌那張
進寶華忠二人也是苦苦的相攔怎奈公子主意已定說

你們大家都不用說了再說我就真急了華奶公見公子發急只得央他說道且等借了銀子來咱們慢慢再講去的話因向程師爺說師老爺不知道我們這位小爺只管像個女孩兒似的馬上可巴圖魯從小兒就愛馬老爺也常教他騎就是劣蹶些兒的馬也騎得住真要去那常行牲口到不必愁說着又道今日回回師傅索興別作那文章了罷咱們回來帶着小么兒們在這園子遛遛散誕散誕程師爺道正是不要過於那個暢一暢罷公子口裡答應着只是發怔說話間外邊拿進兩個職名來一個上寫着管曰粉一個上寫着何之潤原來那管曰粉號叫子金

是個舉人何之潤號傳麥舟由拔貢用了小京官已經得了主事都是安老爺造就出來的學生也因聽得了安老爺的信息齊來安慰公子公子看了職名即刻叫請二人進來安慰了一番公子也把方才的話一一的告訴二人那管子金便先說道不想到老師如此的不順我們已寫了知單去知會各同窗的朋友多少大家湊個成數出來但恐太倉一粟無濟於事這裡另備了百金是兄弟的老人家同何老伯的何之潤接着也說道偏是這個當兒烏克齋不在家咋日老人家已經懇切寫了一封信由提塘寄給他發了去了他在外面登高而呼只怕還容易些況且

淸江離淮安甚近寄去也甚便老師這事情大槩也就可挽回了龍媒你不必過於惦記把身子養得好好兒的好去見老人家公子一一的答應致謝少刻又有那些親友們來看人來人往亂了半天也有說是必該親去的也有說還得斟酌的公子此時意亂如麻只有答應的分兒也不及合那些人囉唣衆人談了幾句不能久坐一一的告辭公子纔送了出去又見門上的人跑進來回說舅太太來了原來這舅太太就是佟孺人娘家的嫂子早年孀居無兒無女佟孺人起身時曾托過他常來家裡照應照應今日也是聽見這個信息前來看望一進門見了公子就

說道你瞧這是怎麽說呢說着便掏小手巾兒擦眼淚一路進來又慢慢的細問了一番自有家中留下的兩個女人并華嬤嬤支應裝烟倒茶沍說話問那張進寶從廟裡回來進門先給舅太太請了安公子便趕着問道怎麽樣張進寶回道奴才到了那裡那不空和尚先前有些推托後來聽見老爺這事他說既然如此老爺是我廟裡的護法再沒不出力的都照你說的怎麽好怎麽好但是多了沒有我這裡只有二千銀子就全拿了去可得大少爺寫個字據依奴才看他倒不是怕奴才這個人靠不住他是[illegible]數[illegible]再多幾兩他也還拿得出來

如今他只借給二千銀子他是扣着利錢說話呢公子更不問別的長短便問銀子呢張進寶說道那得明日兒了地立了字兒就可以拿來說着便又將方纔在外如何商量非公子怎樣要去的話回了舅太太一遍舅太太聽了連忙說道噯喲好孩子那可使不得二三千里地呢這麼大遠的你可不許胡鬧公子本來生怕舅母攔他聽了這話早急得滿面通紅兩眼含淚的說道好舅母別攔我了我聽見這信心裡已經急的恨不得立刻就飛到淮安見着面纔好再要攔着我不教去我必彆出一塲大病來那時死了這句話沒說完就放聲大哭起來把個舅太太慌

的拉着他的手說道好孩子好外外你别着急别委屈咱們去咱們去有舅母呢這公子纔不言語了列公這安公子是那女孩兒一般百依百順的人怎麽忽然的這等執性起來從來說父子至性有了安老爺這樣一個慈父自然就養出安公子這樣一個孝子他這一段是從至性中來的正所謂兒女中的英雄一時便有個富貴不能淫貧賤不能移威武不能屈的意思旁人只說是慢慢的勸着就勸轉來了那知他早打了個九牛拉不轉的主意一言抄百總任是誰說算是去定了話休絮煩次日張進寶便把那糧的事情分撥已定請公子在那張約上畫了押把

鐲子兒回來內裡多虧舅太太住下帶了華嬤嬤並兩三個僕婦給他打點那路上應穿的衣服隨手所用的什物一時商定華忠跟去又派了一個粗使小子名叫劉住兒的跟着好幫着路上照應僱了四頭長行騾子他主僕三個人騎了三頭一頭馱載行李銀兩連謝親友幫的盤費也湊了有二千四五百金那公子也不及各處辭行也不等選擇吉日忙忙的把行李弄妥他主僕三人便從莊園上起身兩個騾夫跟着順着西南大路奔長新店而來到了長新店那天已是日落時分華忠劉住兒服侍公子吃了飯收拾已畢大家睡下一宿晚景不提次日起來正待

起身只見家裡的一個打雜的更夫叫鮑老的闖了進來向着劉住兒說道你快家去罷你們老奶奶子不濟事兒咧那劉住兒一怔還沒及答言華忠便開口問道這是那里的話我走的時候他媽還來托付我說道兒上管着他些兒別惹大爺生氣怎麼就會不濟事兒了呢鮑老說誰知道麼他摔了一個觔斗就沒了氣兒了麼華忠又問說誰教你來告訴的鮑老說道他家親戚兒我來的時候棺材還沒有呢華忠說你難道沒見張爺就來了麼鮑老說我本是前兒合張爺告下假來要回三河去因爲買了點東西兒晚了夜裡個纔走他家親戚兒就敎我順便稍信

個信來來的時候張爺進城給舅太太道乏去了没見着
兩個人這裡說話劉住兒已經爬在地下哭着給安公子
磕頭求着先放他回去發送他媽華忠就撅着鬍子說道
你先别爲難大爺你聽我告訴你咱們這個當奴才的主
子就是一層天除了主子家的事全得靠後你媽是已經
完了你就飛回去也見不着了依我說你倒不如一心的
伺候大爺去到了淮安不愁老爺太太不施恩你自想想
我這話是不是那劉住兒倒也不敢多說公子聽了連忙
說道嬷嬷爹不是這樣他這一件事我看着聽着心裡就
不忍再說我原爲老爺的事出來他也是個給人家作兒

子的豈有他媽死了不教他去發送的理斷乎使不得倒是給他幾兩銀子放他回去把趕露兒換了來罷原來這趕露兒也是個家生子兒他本姓白又是趕白露這天養的原叫白露兒後來安老爺嫌他這名字白呀白呀的不好叫就叫他趕露兒人也還勤謹老實華忠聽公子這話想了一想因說道大爺這話倒也是便對劉住兒說你還不給大爺磕頭謝謝劉住兒連忙磕了一個頭起來又給華忠磕頭華忠拿了五兩銀子同明公子賞了他囑咐說你這一回去先見見張爺告訴明白張爺就說大爺的話把趕露兒打發了來教他跟了去可告訴明白了他我跟

着大爺今日只走半站在尖站上等他教他連夜走快些趕來你趕緊把你的行李拿上也就走罷那劉住兒一面哭一面收拾一面答應忙忙的起身去了隨後華忠又打發了鮑老便一人跟着公子起行上路到了尖站安公子從這晚上起就盼望趕露兒來左盼右盼總不見到華忠說今日趕不到的他連夜走也得明日早上來大家睡罷誰想到了次日早上等到日出也不見趕露兒來華忠抱怨道這些小行子們再靠不住這又不知在那裡頑兒住了因說咱們別就悞了路給店家留下話等他來了教他後趕兒罷說着便告訴店裡我們那裡尖那裡住我們後

頭走着個姓白的夥計來了告訴他店主人說你老萬安罷這是走路的常事等他來說給他就完了悞不了事華忠便同了公子按程前進不想一連走了兩站那趕露兒也沒趕來把個公子急的不住的問嬤嬤爹他不來可怎麼好呢華忠說道他娘的這點道兒趕不上也出來當奴才大爺不用着急靠我一個人兒挺着這把老骨頭也送你到淮安了列公你道那劉住兒回去也不過一天的路程那趕露兒連夜趕來總該趕上安公子了怎麼他始終不曾趕上呢有個原故原來那劉住兒的媽在宅外頭住着劉住兒回家就奔着哭他媽去了接連着買棺盛殮送

信撥三昏的把叫趕露兒這件事忘的蹤影全無直等到三天以後他纔忽然想起告知了張進寶被張進寶着實的罵了一頓纔連忙打發了趕露兒起身所以一路上左趕右趕再趕不上公子直等公子到了淮安他纔趕上真成了個白趕路兒的了此是後話不提却說那華忠一人服侍公子南來格外的加倍小心調停那公子的饑飽寒暖又不時的催着兩個騾夫早走早住世上最難纏的無過車船店脚牙這兩個騾夫再不說他鬧下一頭騾子他還是不住的左支脚錢右討酒錢把個老頭子嘔的嚷一陣鬧一陣一路不曾有一天的淸淨一日正走到茌平的

上站這日站道本大公子也着實的乏了打開鋪蓋要乍些睡怎奈那店裡的臭虫咬的再睡不着只見華忠纔得躺下忽又起來開門出去公子便問嬤嬤爹你那裡去華忠說走走就來一會兒纔得回來復又出去公子又問你怎麽了華忠說不怎麽着想是喝多了水了有些水瀉說着一連就是十來次先前還出院子去到後來就在外間屋裡走動哼啊哼的哼成一處噯喲啊噯喲的噯喲成一團公子連忙問你肚子疼呀那華忠應了一聲進來只見他臉上發青摸了摸手足冰冷連說話都沒些氣力一會價便手腳亂動直着脖子喊叫起來公子嚇得渾身亂抖

兩淚直流攥着手只叫這可怎麼好這可怎麼好這一陣鬧那走更的聽見了快去告訴店主人說店裡有了病人了那店主人點了個燈籠隔窗戶叫公子開了門進來一看說不好這是勾腳痧轉腿肚子快些給他刮出來打出來纔好呢趕緊取了一個清銅錢一把子蘇秸連刮帶打直弄的週身紫爛渾青打出一身的黑紫包來他的手腳纔漸漸的熱了過來店主人說不相干兒了可還靠不住這痧子還怕回來要得放心得用針扎因向公子說這話可得問客人你老了公子說只要他好只是這時候可那裡去找會扎針的代服去呢店主人說你老要作得主我

就會給他扎公子是急了答應不上來還是華忠拿手比着吁他扎罷他纔到櫃房裡拿了針來在風門肝俞腎俞三里四個穴道扎了四針只見華忠頭上微微出了一點兒汗纔說出話來公子連連給那店主人道謝就要給他銀子店主人說客人你別咱一來是爲行好二來也怕擔了我的店眞要死了那就累贅多了說着提着那燈籠照着去了還說是客人你可想着關門公子關了門倒招呼了半夜的嬷嬷爹這纔沉沉睡去一宿無話次日只見那華忠睡了半夜緩過來了只是動彈不得連那臉上也不像人樣了公子又慰問了他一番跑堂兒的提着開水壺

來又給了他些湯水喝公子纔胡擄忙亂的吃了一頓飯那店主人不放心惦着又來看華忠便在炕上給他道謝那店主人說那裡的話好了就是天月二德公子就問你看着明日上得路了罷店主人說好輕鬆話別說上路等過二十天起了炕就算好的華忠說小爺你只別着急等我歇歇兒告訴你店主人走後他便向公子說大爺呀眞應了俗語說的一人有福托帶滿屋一家子本都仗着老爺如今老爺走了這步背運帶累的大爺你受這樣苦惱偏又遇着劉住兒死媽只可恨趕露兒這個東西到今日也沒提來原說滿破着不用他們我一個人也服侍你去

了誰想又害了這場大病昨兒險些兒死了在咱們主僕作兒女作奴才都是該的只是我假如昨日果然死了在我死這麼一千個也不過臭一塊地只是大爺你前進不能後退不能那可怎麼好如今活過來了這就是老天的慈悲那華老頭兒說到這裡安公子已就是哭得言不得語不得他又說道我的好小爺你且莫傷心讓我說話要緊便接着說道只是我雖活過來要照那店主人說的二十天後不能起炕的話也是瞎話大約也得個十天八天纔扎掙得起來儻然要把老爺的這項銀子躭擱了慢說我就挫骨揚灰也抵不了這罪過我的爺你可是出來作

甚麼來了我如今有個主意這裡過了茌平從大路上岔道往南二十里外有個地方叫作二十八棵紅柳樹那裡有我一個妹夫子這人姓褚人稱他是褚一官他是一個保標的他在那地方鄧家莊跟着他師父住我這妹妹比我小十來多歲我爹媽沒了是我們兩口子把他養大了聘的所以他們待我最好如今他跟着他師父弄得家成業就上年他還稍了書子來教我們兩口子帶了隨緣兒告假出去脫了這個奴才坯子他們養我的老我想着受主子恩典又招呼了你這麼大搭下走了天良何在那還想潑生嗎我可就回覆了他們了說等求着你們的時候

再求你們去這書子我不還求大爺你念給我聽來着麽如今我求他去大爺你就照我這話并現在的原故結結實實的替我給他寫一封書子就說我求他一直的把你送到淮安老爺自然不虧負他的你可不要轉文兒那字兒要深了怕他不懂你把這信寫好了帶上等我托宕家找一個妥當人明日就同你起身只走半站到茌平那座悅來老店落程住下再給騾夫幾百錢叫他把這書子送到二十八棵紅柳樹叫褚老一找到悅來店來他長的是個大身量黃淨子臉兒兩撇小鬍子兒左手是個六枝子儻然他不在家你這書子裡寫上就叫我妹子到店裡來

該當叫甚麼人送了你去這點事他也分撥的開我這妹
子右耳朶眼兒豁了一個大爺你可千千萬萬見了這兩
個人的面再商量走的話不然就在那店裡躭擱一半天
倒使得要緊要緊我只要扎掙的住了隨後就趕了來路
上趕是趕不上了算是辜負了老爺太太的恩典苦了大
爺你了只好等到任上把這兩條腿交給老爺罷說着也
就嗚嗚咽咽的哭起來公子擦着眼淚低頭想了一想說
有那樣的就從這裡打發人去約他來再見見你不更妥
當嗎華忠說我也想到這裡了一則隔着一百多地騾夫
未必肯去二則如果褚老一不在家我那妹子他也不好

跑出這樣遠來三則一去一來又得躭悞工夫你明日起身又可多走半站我的爺你依我這話是萬無一失的公子雖是不願意無如自已要見父母的心急除了這樣也再無別法就照着華忠的話一邊問着替他給那褚一官寫了一封信寫完又念給他聽這纔封好面上寫了褚宅家信又寫上內信送至二十八棵紅柳樹鄧九太爺寶莊問交舍親褚一爺查收寫明年月用了圖書收好華忠便將店主人請來合他說找人送公子到茌平的話那店主人說巧了纔來了一起子從張家口販皮貨往南京去的客人明日也打這路走那都是有水錢的同他們走太保

傳重了也不用再找人華忠說你還是給我們找個人好

爲的是把這位送到了我好得個回信兒店主人說有了

有了那不值甚麽回來給他幾個酒錢就完了公子見嬤

嬤爹一一的佈置的停當他纔緊放下一分心便拿了五

十兩一封銀子出來給嬤嬤爹盤費養病華忠道用不了

這些我留二十兩就勾使的了還有一句話囑咐你這項

銀子可關乎着老爺的大事大爺的話路上就有護送你

的人可也得加倍小心這一路是賊盜出没的地方下了

店不妨那是店家的干係走着須要小心大道正路不妨

十里一墩五里一堡還有來往的行人背道須要小心白

日裡不妨就讓有歹人他也沒有大清白晝下手的黑夜須要小心就便下了店你切記不可胡行亂走這銀子不可露出來等閒的人也不必叫他進屋門爲的是有一等人往往的就辦作討吃的花子串店的妓女喬妝打扮的來給強盜作眼線看道兒不可不防一言抄百語你逢人只說三分話未可全拋一片心切記切記公子聽了一一的緊記在心一時彼此都覺得心裡有多少話要說要問只是說不出主僕二人好生的依依不捨話休絮煩一宿無話到了五更華忠便叫了送公子去的店夥來又張羅公子洗臉吃些東西又囑咐了兩個騾夫一番便催着公

子會着那一起客人同走可憐那公子嬌生慣養家裡父母萬般珍愛乳母丫鬟多少人圍隨如今落得跟着兩個騾夫戴月披星沖風冒雨的上路去了這正是青龍與白虎同行吉凶事全然未保要知那安公子到了茌平怎生叫人去尋褚一官那褚一官到底來也不來都在下回書交代

兒女英雄傳評話第四回

傷天害理預洩機謀　末路窮途幸逢俠女

上回書交代的是安公子因安老爺革職分問帶罪賠修下在監中追繳賠項他把家中的地畝折變帶上銀子同着他的奶公華忠南來偏生的華忠又途中患病還幸喜得就近百里之外住着他一個妹丈褚一官只得寫信求那褚一官設法伴送公子就請公子先到茌平相候這日公子別了華忠上路那時正是將近仲秋天氣金風颯颯玉露冷冷一天曉月殘星滿耳蛩聲雁陣公子只隨了一個店夥兩個騾夫合那些客人一路同行好不淒慘他也

無心看那沿途的景緻走了一程那天約莫有巳牌時分
就到了茌平果然好一座大鎮市只見兩旁燒鍋當鋪客
店棧房不計其數直走到那鎮市中間路北便是那座悅
來老店那店一連也有十幾間門面正中店門大開左是
櫃房右是廚竈門前搭着一路罩棚棚下擺着走桌條橙
棚口邊安着飲水馬槽那條橙上坐着許多作買作賣單
身客人在那裡打尖吃飯旁邊又歇着倒站驢子二把手
車子以及肩挑的担子背負的背子亂亂烘烘十分熱鬧
到了臨近那騾夫便問道少爺咱們就在這裡歇了公子
點了點頭騾夫把騾子帶了一把街心裏早有那招呼那

買賣的店家迎頭用手一攔那長行騾子是走慣了的便一抹頭一個跟一個的走進店來進了店公子一看只見店門以內左右兩邊都是馬棚更房正北一帶腰廳中間也是一個穿堂大門門裡一座照壁對着照壁正中一帶正房東西兩路配房看了看只有儘南頭東西對面的兩間是個單間他便住在東邊這間歇下那跟的的夥問說行李卸不卸呀公子說你先給我卸下來罷那店夥忙着鬆繩解扣就要扛那被套騾夫說一個人兒不行你哨不得那件頭小分量夠一百多斤呢說着兩個騾夫幫着搭進房來放在坑上同手又把衣裳包袱裝錢的稍馬子吃食

箕子碗包等件拿進來兩個騾夫便拉了騾子出去那跟來的店夥惦着他店裡的事放下公子忙忙的在店門口要了兩張餅吃了就要回去公子給了他一串錢又給嬷嬷爹寫了一個字條兒說已經到了茌平的話打發店夥去後早有跑堂兒的拿了一個洗臉的木盆裝着熱水又是一大碗涼水一壺茶一根香火進來點着就問了一聲客人吃飯哪還等人啊公子說不等人就吃罷那說那公子雖然走了幾程路一路的梳洗吃喝拉撒睡都是嬷嬷爹經心用意服侍不是煮塊火腿便是炒些菓子醬帶着一到店必是另外煮些飯熬些粥以至起早睡晚無不調

停的周到所以公子除一般的受些風霜之外從不曾理會得途中的渴飲饑飡那些苦楚便是店裡的洗臉木盆也從不曾到過跟前如今看了看那木盆實在腌臢自己又不耐煩再去拿那臉盆飯碗的這些東西怔着瞅了半天直等把那盆水晾得凉了也不會洗接着飯來了就用那店裡的盌筷子澆茶胡亂吃了半盌就擱下了一時間那兩個騾夫也吃完了飯走了進來原來那兩個騾夫一個姓苟生得傻頭傻腦只要給他幾個錢不論甚麽事他都肯去作因此人都叫他作傻狗一個姓郎是個極賍滑賊長了一臉的白癜瘋因此人都叫他白臉兒狼當下他

兩個進來便問公子說少爺昨日不說有封信要送嗎送到那裏呀公子說你們兩個誰去傻狗說我去公子便取出那封信來又拿了一弔錢向他道你去狠好這東南大道上岔下去有條小道兒順着道兒走二十里外有個地方叫二十八棵紅柳樹你知道不知道傻狗說知道哇我到那鄧家莊兒上趕過買賣公子說那更好了那莊上有個褚家說着又把那褚一官夫婦的長相兒告訴了他一遍又說你把這信當面交給那姓褚的請他務必快來如果他不在家你見見他的娘子只說他們親戚姓華的說的請他的娘子來傻狗說叫他娘子到這店裡來人家是

個娘兒們那不行罷公子說你只告訴明白了他他就來了這是一封信一吊錢是給你的都收清了就快去罷那白臉兒狼看見說我合他一塊兒去少爺你老也支給我兩吊我買雙鞋瞧這鞋不跟腳了公子說你們兩個都走了我怎麽着白臉兒狼說你老可要我作甚麽呀有跑堂兒的呢店裡還怕短人使喚公子扭他不過只得拿了兩吊錢給他又囑咐了一番說你們要不認得寗可再到店裡櫃上問問千萬不要悞事白臉兒狼說你老萬安這點事兒了不了不用說了說着二人一同出了店門順着大路就奔了那岔道的小路而來正走之間見路旁一座大

北山子約有二十來丈高上面是土石相攙的長着些高高矮矮的叢雜樹木却倒是極寬展的一個大山懷兒原來這個地方叫作岔道口有兩條道從山前小道兒穿出去奔二十八棵紅柳樹還歸山東的大道從山後小道兒穿過去也繞得到河南他兩個走到那裡那白臉兒狼便對傻狗說道好個涼快地方兒偺們歇歇兒再走傻狗說纔走了幾步兒你就乏了這還有二十多里呢未罷白臉兒狠道坐下聽我告訴你個巧的兒傻狗只得站住二人就摘下草帽子來墊着打地灘兒白臉兒狠道傻狗哇你眞個的把這書子給他送去嗎傻狗說好話哩按了人家

兩三吊錢給人擱下人家依嗎白臉兒狼說這兩三吊錢你就打了飽咯兒了你瞧咱們有本事硬把他被套裡的那二三千銀子搬運過來還不領他的情兒正說到這句話只見一個人騎着一頭黑驢兒從路南一步步慢慢的走了過去白臉兒狼一眼看見便低聲向傻狗說噯你瞧好一個小黑驢兒墨定兒似的東西可是個白耳掖兒白眼圈兒白胸脯兒白肚囊兒白尾巴稍兒你瞧外帶着還是四個銀蹄兒腦袋上還有個玉頂兒長了個全可怪不怪這東西要擱在市上碰見愛主兒二百吊錢管保買不下來傻狗說你罵人家呢你愛呀還算得你的嗎說着只

見驢上那人把扯手往懷裡一帶就轉過山坡兒過山後去了不提那儍狗接着問白臉兒狼你纔說告訴我個甚麼巧的兒白臉兒狼說這話可法不傳六耳也不是我壞良心來兜攬你因爲咱們倆是一條線兒拴倆螞蚱飛不了我迸不了你的講到咱們這行啊全仗的是磨攪訛綳涎皮賴臉長支短欠摸點兒賺點兒纔剩的下錢呢到了這盪買賣算你我倒了運了那個僱騾子的本主兒倒不怎麼樣你瞧跟他的那個姓華的老頭子眞來的討人嫌甚麼事兒他全通精兒還帶着挺撅挺橫想沾他一個官板兒的便宜也不行如今他是病在店裡了這時候又要到

二十八棵紅柳樹找甚麽褚一官你算他的朋友大槩也不是甚麽好惹的了要照這麽磨一道兒到了淮安不用說騾子也斡了咱們倆也斡了傻狗說依你這話怎麽樣呢白臉兒狼說依我這不是那個老頭子不在跟前嗎可就是你我的時運來了咱們這時候拿上這三吊錢先找個地方兒潑倒上半天兒回來到店裡就說兒爺姓褚的了他没空兒來在家裡等咱們把那個文謅謅的雛兒誆上了道兒咱們可不往南奔二十八棵紅柳樹往北奔黑風崗那黑風崗是條背道趟到那裡大約天也就是時候了等走到崗上頭把那小么兒誆下牲口來往那没底兒

的山澗裡一推這銀子行李可就屬了你我哩你說這個主意高不高傻狗說好可是好就是偺們馱着往回裡這一走碰見個不對眼的瞧出來呢那不是活餓荒嗎白臉兒狠說說你是傻狗你真是個傻狗咱們有了這注銀子還往回裡走嗎順着這條道兒到那裡快活不了這下半輩子呀那傻狗本是個見錢如命的糊塗東西聽了這話便說有了偺就是這麼辦咧當下二人商定便站起身來搖頭揌腦的走了他兩個自己覺着這事商量了一個停妥嚴密再不想人間私語天聞若雷暗室虧心神目如電又道是路上說話草裡有人聽這話暫且不表且說那安

公子打發兩個騾夫去後正是店裡早飯纔罷上熱鬧兒的時候只聽得這屋裡淺斟低唱那屋裡呼六么喝滿院子賣零星吃食的買雜貨的買山東料的山東布的各店房出來進去的亂串公子看了說道我不懂這些人走這樣的長道兒之也乏不過來怎麼會有這等的高興說着一時間悶上心來又惦着嬷嬷爹此時不知死活兩個騾夫去了半天也不知究竟找的着找不着那褚一官那褚一官也不知究竟能來不能來自已又不敢離開這屋子只聽得他轉磨兒的一般在屋裡亂轉轉了一會想了想這等不是道理等我靜一靜兒罷隨把個馬褥子鋪在炕

沿上盤腿坐好閉上眼睛把自已平日念過的文章一篇篇的背誦起來背到那得意的地方只聽他高聲朗誦的念道是罔極之深恩未報而又徒留不肖肢體遺父母以半生莫殫之愁百年之歲月幾何而烈吾親有限之精神更消磨於生我劬勞之後正閉着眼睛肯到這裡只覺得一個冰凉挺硬的東西在嘴唇上哧溜了一下子嚇了一跳連忙睜眼一看只見一個人站在當地太陽上貼着兩塊靑緞子膏藥打着一撒手兒大鬆的辮子身上穿着件月白棉綢小袷襖兒上頭罩着件藍布琵琶襟的單緊身兒緊身兒外面繫着條河南褡包下邊穿着條香色洋布

衬褲套着雙青緞子套褲磕膝蓋那裡都麻了花兒了露着桃紅布裡兒右大腿旁拖露着一大堆純泥的白縐綢汗巾兒脚下包脚面的魚白布襪子一雙大挖巴魚鱗撒鞋可是靸拉着左手拿着擦的鐙亮二尺多長的一根水烟袋右手拿着一個火紙撚兒只見他噗的一聲吹着了火紙就把那烟袋往嘴裡給楞入公子說我不吃水烟那小子說你老吃潮烟哪說着就伸手在套褲裡掏出一根紫竹潮烟袋來公子一看原來是把那竹根子上鑽了一個窟窿就算了烟袋鍋兒這一頭兒不安嘴兒那紫竹的竹皮兒都被衆人的牙磨白了公子連忙說我也不吃潮

烟我就不會吃烟我也沒叫你裝烟想是你聽錯了那賣水煙的一聽這話就知道這位爺是個怯公子哥兒便低了頭出去了這公子看他纔出去就有人叫住在房簷底下站着唿嚌唿嚕的吸了好幾袋把那烟從嘴裡吸進去却從鼻子裡噴出來賣水烟的把那水烟袋吹的忒兒嘍嘍的山响那人一時吃完也不知腰裡掏了幾個錢給他這公子纔知道這原來也是個生財大道暗暗的稱奇不多一會只聽得外面嚷將起來他嚷的是聽書罷聽段兒罷羅成賣絨線兒大破壽州城甯武關胡廸罵閻王婆子罵雞小大姐兒罵他姥姥公子說這怎麼個講法跟着便

聽得絃子蹡兒蹬楞蹬楞的彈着走進院子來看了看原來是一溜串兒瞎子前面一個拿着一担柴木絃子中間兒那個拿着個破八角鼓兒後頭的那個身上背着一個洋琴手裡打着一付北板兒蹬咚扎啮的就奔了東配房一帶來公子也不理他由他在廳根兒底下鬧去好容易聽他往北彈了去了早有人在那接着叫住這個當兒恰好那跑堂兒的提了開水壺來沏茶公子便自已起來倒了一盌放在桌子上晾着只倒茶的這個工夫兒又進來了兩個人公子回頭一看竟認不透是兩個甚麼人看去一個有二十來歲一個有十來歲前頭那一個打着個大

長的辮子穿着件舊青縐綢寬袖子夾襖可是桃紅袖子那一個梳着一個大盆抓髻穿着件半截子的月白洋布衫兒還套着件油膩模糊破破爛爛的天青緞子繡三藍花兒的緊身兒底下都是四寸多長的一對金蓮兒臉上抹着一臉的和了泥的鉛粉嘴上週圍一個黃嘴圈兒胭脂是早吃了去了前頭那個抱着面琵琶原來是兩個大了頭公子一見連忙說你們快出去那兩個人也不答言不容分說的就坐下彈唱起來公子一躲躲在墻犄角裡只聽他唱的是甚麼青柳兒青清晨早起丟了一枚針公子發急道我不聽這個那穿青的道你不聽這個咱唱個

奶的我唱個小曲口兒爭被窩你聽公子說我都不聽只見他握着琵琶直着脖子問道一個曲兒你唱了大半拉咧不聽咧公子說不聽了那丫頭說不聽不聽給錢哪公子說時只望他快些出去連忙拿出一吊錢擄了幾十給他他便嘻皮笑臉的把那一半也搶了去那一個就說你把那一撮子給了我罷公子怕他上手趕緊把那一百拿了下來又給了那個他兩個把錢數了一數分作兩分兒掖在褲腰裡那個大些的走到棹子跟前就把方才晾的那碗涼茶端起來咕嘟咕嘟的喝了那小的也抱起茶壺來嘴對嘴兒的灌了一起子纔撅着屁股扭搭扭搭的走

了且住說書的這話有些言過其實安公子雖然得尊貴不曾見過外面這些下流事情難道上路走了許多日子今日纔下店不成不然有個原故他雖說走了幾站那站奶公都是跟着他破正站走趕尖站住尖站沒有個不冷清的再說每到下店必是找個獨門獨院郎或在大面兒上有那個撅老頭子這些閑雜人也到不了跟前如今短了這等一個人安公子自然益發受累起來這也算得閒鼓鼙而思將士了閒話休提却說安公子經了這番的糟擾又是着急又是生氣又是害臊又是傷心只有盼望兩個騾夫早些找了褚一官來自已好有個倚靠有個商量

正在盼望只聽得外面踏踏踏踏的一陣牲口蹄兒響心裡說是好了騾夫回來了他可也沒算計算計此地到二十八棵紅柳樹有多遠一去一回得走多大工夫騾夫究竟是步行去的騎了牲口去的一槩沒管只聽得個牲口蹄兒響便算定是騾夫回來了忙忙的出了房門兒站在台堦兒底下等着只聽得那牲口蹄兒的聲兒越走越近一直的騎進穿堂門來看了看纔知不是騾夫只見一個人騎着匹烏雲蓋雪的小黑驢兒走到當院裡把扯手一攏那牲口站住他就棄鐙離鞍下來這一下牲口正是正西面東恰恰的合安公子打了一個照面公子重新留神

一看原來是一個絕色的輕年女子只見他生得兩條春山含翠的柳葉眉一雙秋水無塵的杏子眼鼻如懸膽唇似丹硃蓮臉生波桃腮帶靨耳邊廂帶着兩個硬紅墜子越顯得紅白分明正是不笑不說話一笑兩酒窩兒說甚麽出水洛神還疑作散花天女只是他那豔如桃李之中却又凛如霜雪對了光兒好一似照着了那秦宮寶鏡一般愰得人胆氣生寒眼光不定公子連忙退了兩步扭轉身子要進房去不覺得又回頭一看見他頭上罩着一幅元青縐紗包頭兩個角兒搭在耳邊兩個角兒一直的蓋在鬅鬆燕尾兒上身穿一件搭腳面長的佛青粗布衫兒

一封書兒的袖子不掩蓋着兩隻手脚下穿一雙二藍尖頭繡碎花的弓鞋那大小只好二寸有零不及三寸公子心裡想道我從來怕見生眼的婦女一見就不覺得臉紅但是親友本家家裡我也見過許多的少年閨秀從不曾見這等一個天人相貌作怪的是他怎麽這樣一副姿容弄成惡般一個打扮不尷不尬是個甚麽原故呢一面想着就轉身上了台堦兒進了屋子放下那半截藍布帘兒來巴着帘縫兒望外又看只見那女子下了驢兒把扯手搭在鞍子的判官頭兒上把手裡的鞭子望鞍橋洞兒裡一插這個當兒那跑堂兒的從外頭跑進來就往西配房

兒女英雄傳 第四回 十二 聚珍堂

儘南頭正對着自己住的這間店房裡讓又聽跑堂兒的接了牲口隨即問了一聲說這牲口拉到槽上喂上罷那女子說不用你就給我拴在這窗根兒底下那跑堂的拴好了牲口回身也一般的拿了臉水茶壺香火來放在桌兒上那女子說把茶留下別的一槩不用要飯要水聽我的信我還等一個人我不叫你你不必來那跑堂兒的聽一句應一句的回身向外邊去了跑堂兒的走後那女子進房去先將門上的布帘兒高高的弔起來然後把那張柳木圈椅挪到當門就在椅兒上坐定他也不茶不烟一言不發默默的只向對面安公子這間客房瞅着安公子

在帘縫兒邊被他看不過自己倒躲開在那巴掌大的地
下來回的走走了一會又到帘兒邊望望見那女子還在
那裡目不轉睛的向這邊呆望一連偷瞧了幾次都是如
此安公子當下便有些狐疑起來心裡嘰觳道這女子好
生作怪獨自一人沒個男伴沒些行李進了店又不是打
尖又不是投宿獃獃的單向了我這間屋子望着是何原
故想了半日忽然想起說是了這一定就是我嬷嬷爹說
的那個給強盜作眼線看道路的甚麼婊子罷他儼然要
到我這屋裡看起道兒來那可怎麼好呢想到這裡心裡
就像小鹿兒一般突突的亂跳又想了想說等我把門關

上難道他還叫開門進來不成說着跐踏的一聲把那扇單扇門關上誰知那門的插關兒掉了門又走扇纔關好了吱嘍嘍又開了再去關時從窗縫兒裡見那女子對着這邊不住的冷笑公子說不好他准是笑我呢不要理他只是這門關不住如何是好左思右想一眼看見那穿堂門的裡邊東首靠南墻放着碾糧食一個大石頭碌碡心裡說把這東西弄進來頂住這門就牢靠了萬一褚一官今日不來連夜間都可以放心一面想一面要叫那跑堂兒的無奈自已說話向來是低聲靜氣慢條斯理的慣了從不會直着脖子喊人這裡叫他外邊斷聽不見爲了半

晌難伏着膽子低了頭掀開帘子走到院子當中對着穿
堂門往外找那跑堂兒的可巧見他刁着一根小烟袋兒
交叉着手靠着窗台兒在那裡歇腿兒呢公子見了開了
個點手換羅成朝他點了一點手兒那跑堂兒的睄見連
忙的把烟袋桿望巴掌上一拍磕去烟火把烟袋掖在油
裙裡走來問公子道要開壺啊你老公子說不是我要另
煩你一件事跑堂兒的陪笑說道這是那兒的話怎麼煩
起來咧伺候你老你老吩咐啵公子纔要開口未曾說話
臉又紅了跑堂兒的見這個樣子說你老不用說了我明
白了想來是將纔串店的這幾個姑娘兒不入你老的眼

要外叫兩個你老要有熟人只管說別管是誰偺們都灣轉的了來你老要沒熟人我數給你老聽偺們這兒頭把交椅數東關裡住的晚香玉那是個尖兒要講唱的好叫小良人兒你老自聽聽那個嗓子眞是掉在地下摔三瓣兒還有個旗小金北京城裡下來的開過大眼講桌面兒上那得讓他咧還有個烟袋疙疸兒還是個雛兒呢你老說叫那一個能一套話公子一字兒也不懂聽去大約不是甚麼正經話便羞得他要不的連忙皺着眉垂着頭搖着手說道你這話都不在筋節上跑堂兒的道我猜的不是那麼着你老說皺公子這纔斯斯文文的指着壺根底

下那個石頭碌碡說道我煩你把這件東西給我拿到屋裡去那跑堂兒的聽了一怔把腦袋一歪說道我的太爺你老這可是攪我咧跑堂兒的是說是勤行講的是提茶壺端油盤抹棹子剁板櫈人家掌櫃的土木相連的東西我可不敢動再說那東西少也有三百來觔地下還埋着半截子我就這麼輕輕快快的給你老拿到屋裡去了我要拿得動那個我也端頭號石頭考武舉去了我還在這兒跑堂兒嗎你老這是怎麼說呢正說話間只見那女子叫了聲店裡的拿開水來那跑堂兒的答應了一聲趕身就往外取壺去了把個公子就同泥塑一般塑在那裡直

等他從屋裡兒了開水出來公子又叫他說你別走我同你商量那跑堂兒的說又是甚麼公子道你們店裡不是都有打更的更夫麼煩你叫他們給我拿進來我給他幾個酒錢那跑堂兒的聽見錢了提着壺站住說道到不在錢不錢的你老瞧那傢伙真有三百觔開外怕未必弄得行啊這麼着嘍你老破多少錢嘍公子說要幾百就給他幾百跑堂兒的搖頭說幾百不行那得月下楮說着又伸了兩個指頭這句話公子可斷斷不得明白了不但公子不得明白就是聽書的也未必得明白連我說書的也不得明白說書的當日聽人演說兒女英雄傳這樁故事的

時候就考查過揚子方言那部書那部書竟沒有載這句方言後來遇見一位市井通品向他請教他纔註疏出來道是月之爲言二也以月字中藏着二字也千之爲言千千之爲言弔也千者千之替語也弔者千之通稱也枋之爲言紙也紙錢也卽古之所謂寓錢喻制錢一而二二而一者也合而言之月千者兩吊錢也不僅惟是如流千楮玉千楮自一二以至九十皆有之自從聽了這番妙解說書的纔得明白如今公諸同好閒言少敘那安公子開了半天跑堂兒的纔說明是要兩弔錢公子說就是兩弔你叫他們快給我拿進來罷跑堂兒的撂下壺叫了兩個

更夫來那倆更夫一個生的頂高細長叫作杉槁尖子張三一個生得壯大黑粗呼作壓油墩子李四跑堂兒的告訴他二人說來把這傢伙給這位客人挪進屋裡去又悄說道喂有四百錢的酒錢呢這李四本是個渾蟲聽了這話先走到石頭邊說這得先問他問上去向那石頭楞子上噹的就是一腳那石頭風絲兒也沒動李四噯喲了一聲先把腿蹭了張三說你擱着啵那非離了拿鎯頭把根子搜出來行得嗎說着便去取鎯頭李四說咧你把偺們的繩槓也帶來這得倆人抬呀少時繩槓鎯頭來了這一陣嚷嚷院子裡住店的串店的已經圍了一大圈子人了

安公子在一旁看着那兩個更夫脫衣裳綰辮子磨拳擦掌的幾要下鏃頭只見對門的那個女子抬身邁步款款的走到跟前問着兩個更夫說你們這是作甚麼呀跑堂兒的接口說道這位客人要使喚這塊石頭給他弄進去你老躲遠着瞧小心碰着那女子又說道弄這塊石頭何至於鬧的這等馬仰人翻的呀張三手裡拿着鏃頭看了一眼接口說怎麼馬仰人翻呢瞧這傢伙不這麼弄閒得動他嗎打諒頑兒呢那女子走到跟前把那塊石頭端相了端相見有二尺多高徑圓也不過一尺來往約莫也有個二百四五十斤重原是一個碾糧食的碌碡上面靠邊

却存個鑿過了的關眼兒想是爲拴拴牲口再不插樹桿兒晾晾衣裳用的他端相了一番便向兩個更夫說道你們兩個悶開李四說悶開怎麼着讓你老先坐下歇歇兒那女子更不答言也先挽了挽袖子把那佛靑粗布衫子的衿子往一旁一綰兩隻小脚兒往兩下裡一分拿着樁兒挺着腰板兒身北面南用兩隻手靠定了那石頭只一撼又往前推了一推往後攏了一攏只見那石頭脚根上週圍的土兒就拱起來了重新轉過身子背身西面東又一撼就勢兒用右手輕輕的一搯把那塊石頭就搯倒了看的衆人齊打夥兒的喝彩就中也有喲的一聲的也有

噌的一聲的都悄悄的說道這纔是勁頭兒呢當下把個張三李四嚇得目瞪口呆不由得叫了一聲我的佛爺桲子他纔覺得他方纔那陣討人嫌鬧的不彀味兒那跑堂兒的一旁看着了也嚇得舌頭伸了出來半日收不回去獨有安公子看着心裡反倒加上一層爲難了甚麼原故呢他心裡的意思本是怕那女子進這屋裡來纔要關門怕門關不牢纔要用石頭頂及至搬這塊石頭倒把他招了來了這個當兒要說我不用這塊石頭了斷無此理若說不用你給我搬大約更不能行況且這等一塊大石頭兩個笨漢尚且弄他不轉他輕輕鬆鬆的就把他撥弄躺下

了這個人的本領也就可想而知這不是我自己引水入牆開門揖盜麼只急得他悔焰中燒說不出口在滿院子裡乾轉這且不言且說那女子把那石頭撂倒在平地上用右手推着一轉我着那個關眼兒伸進兩個指頭去勾住了往上只一悠就把那二百多斤的石頭碌碡單撒手兒提了起來向着張三李四說道你們兩個也別閑着把這石頭上的土給我拂落淨了兩個人屁滾尿流答應了一聲連忙用手拂落了一陣說得了那女子纔回過頭來滿面含春的向安公子道尊客這石頭放在那裡那安公子羞得面紅過耳眼觀鼻鼻觀心的答應了一聲說有勞

就放在屋裡罷那女子聽了便一手提着石頭款動一雙小腳兒上了台堦兒那隻手撩起了布帘跨進門去輕輕的把那塊石頭放在屋裡南墻根兒底下回轉頭來氣不喘面不紅心不跳衆人伸頭探腦的向屋裡看了無不咤異不言看熱鬧的這些人三三兩兩你一言我一語的猜疑講究却說安公子見那女子進了屋子便走向前去把那門上的布帘兒挂起自己倒閃在一旁想着好讓他出來誰想那女子放下石頭把手上身上的土拍了拍抖了抖一回身就在靠桌兒的那張椅子上坐下了安公子一見心裡說這可怎麼好怕他進來他進來了盼他出來他

索性坐下了心裡正在爲難只聽得那女子反客爲主讓着說道尊客請屋裡坐這公子欲待不進去行李銀子都在屋裡實在不放心欲待進去合他說些甚麽又怎生的打發他出去俄延了半晌忽然靈機一動心中悟將過來這是我粗心大意成着不進去他怎得出來我如今進去只要如此如此這般這般他難道還有甚麽不走的道理不成這正是也知蘭蕙非凡草怎奈當門礙着人要知安公子怎生開發那女子那去找褚一官的兩個騾夫回來到底怎生摋賺安公子那安公子信也不信從也不從都在下回書交代

兒女英雄傳評話第四回終

兒女英雄傳評話第五回

小俠女重義更原情　怯書生避難翻遭禍

這回書緊接上回講得是安公子一人落在茌平旅店遇兒一個不知姓名的女子花容月貌荊釵布裙本領驚人行踪難辨一時錯把他認作了一個來歷不明之人加上一番防範偏偏那女子又是有意而來彼此陰錯陽差你越防他他越近你防着防着索興防到自己屋裡來了及至到了屋裡安公子是讓那女子出來自已好進去那女子是讓安公子進去他可不出來安公子女孩兒一般的人那裡經得起這等的磨法不想這一磨正應了俗語說

鐵打房樑磨繡針竟磨出個見識來了你道他有了個甚麼見識說來好笑却也可憐只見他一進屋子便忍着羞向那女子恭恭敬敬的作了一個揖算是道個致謝那女子也深深的還了個萬福二人見禮已罷安公子便向那稍馬子裡拿出兩吊錢來放在那女子跟前却又說不出個所以然來那女子忙問說這是甚麼意思公子說我方纔有言在先拿進這石頭來有兩串謝儀那女子笑了一笑說豈有此理笑話兒了因把那跑堂兒的叫來說這是這位客人賞你們的三個人拿去分了罷那兩個更夫正在那裡平墊方纔起出來的土聽見兩吊錢也跑了過來

那跑堂兒的先説這我們怎麼倒穩吃三注呢那女子説別累贅拿了去我還幹正經的呢三個人謝了一謝兩個更夫就合他在總外的分起來那跑堂兒的只叫得苦他原想着這是無外財兒這頭兒要了兩吊那頭兒説了四百一吊六百文是穩穩的下腰了不料給當面抖摟亮了也只得三一三十一合那兩個每人六百六十六的平分分完了他算多剩了一個大錢掖在耳朶眼兒裡合兩個更夫拿着錢頭繩楨去了不提公子見那女子這光景自己也知道這兩吊錢又弄疑相了纔待趔趄兒的躲開那女子讓道尊客請坐我有話請教請問尊客上姓仙鄉那

裡你此來自然是從上路來到下路去是往那方去從何處來看你既不是官員赴任又不是買賣經商更不是覓衣求食究竟有甚麽要緊的勾當怎生的伴當也不帶一個出來就這等孤身上路呢請教公子聽了頭一句就想起嬷嬷爹囑咐的逢人只說三分話未可全抛一片心的話來了想了想我這安字說三分可怎麽樣的分法兒呢難道我說我姓寶頭兒還是說我姓女不成况且祖宗傳流的姓如何假得便直提了當的說我姓安說了這句自已可不會問人家的姓緊接着就把那家住北京改了個方向兒前往南河掉了個過兒說我是保定府人我從家

鄉來到河南去打算謀個館地作幕我本有個伙伴在後面走着大約早晚也就到那女子笑了笑說原來如此只是我還要請教這塊石頭又要他何用公子聽了這句口中不言心裡暗想說這可沒的說的了怎麼好說我怕你是個給強盜看道兒的要頂上這門不准你進來呢只得說是我見這店裡串店的閑雜人過多不耐這煩擾要把這門頂上便是夜裡也嚴謹些自已說完了覺着這話說了個週全遮了個嚴密這大槩算得逢人只說三分話未可全拋一片心了只見那女子未從說話先冷笑了一聲說你這人怎生的這等枉讀詩書不明世事你我萍水相

逢況且男女有別你與我無干我管你不着如今我無端的多這番閑事問這些閑話自然有個原故我既這等苦苦相問你自然就該侃侃而談怎麽問了半日你一味的吞吞吐吐枝枝梧梧你把我作何等人看待列公若論安公子長了這麼大大約除了受父母的教訓還没受過這等大馬金刀兒的排楦呢無奈人家的詞嚴義正自己膽怯心虚只得陪着笑臉兒說說那裡話我安某從不會說謊更不敢輕慢人這個還請原諒那女子道這輕慢不輕慢倒也不在我心上我是天生這等一個多事的人我不願作的你哀求會子也是枉然我一定要作的你輕慢些

兒也不要緊這且休提你若說你不是謊話等我一樁樁的點破了給你聽你道你是保定府人聽你說話分明是京都口吻而且滿面的詩禮家風一身的簪纓勢派怎的說得到是保定府人你道你是往河南去如果往河南去從上路就該岔道如今走的正是山東大路奔江南江北的一條路程若說你往南河淮安一帶還說得去怎的說到是往河南去你又道你是到河南作幕你自己自然覺得你斯文一脈像個幕賓的樣子只是你不曾自已想想世間可有個行囊裡裝着兩三千銀子去找館地當師爺的麼公子聽到這裡已經打了個寒噤坐立不安那女子

又復一笑說只有你說的還有個伙伴在後的這句話倒是句實話只是可惜你那個老伙伴的病又未必得早晚就好來得恁快你想難道你這些話都是肺腑裏掏出來的真話不成一夕話把個安公子嚇得閉口無言暗想道怎麼我的行藏他知道得這等詳細據這樣看起來這人好生作怪不止是甚麼給強盜作眼線的莫不竟是個大盜從京裡就跟了下來果然如此不但嬤嬤爹在跟前不中用就褚一官來也未必中用這便如何是好呢不言公子自已肚裡猜度又聽那女子說再講到你這塊石頭的情節不但可笑可憐尤其令人可惱你道是爲怕店裡閑

雜人攪擾你今日既下了這座店站了這間房這塊地方今日就是你的產業了這些串店的固是討厭從來說無君子不養小人這等人喜歡的時節付之行雲流水也使得煩惱的時節狗一般的可以吆喝出去你要這塊石頭何用再要講道夜間嚴謹門戶不怕你腰纏萬貫落了店都是店家的干係用不着客人自己費心況且在大路上大店裏大約也沒有這樣的笨賊來作這樣的笨事縱說有銅墻鐵壁擋的是不來之賊如果來了豈是這塊小小的石頭擋得住的如今現身說法就拿我講兩個指頭就輕輕兒的給你提進來了我白日既提得了來夜間又有

甚麼提不開去的你又要這塊石頭何用你分明是誤認了我的來意妄動了一個疑團不知把我認作一個何等人故此我纔畧畧的使些神通作個榜樣先打破你這疑團再說我的來意怎麼你益發的左遮右掩瞻前顧後起來尊客你不但負了我的一片熱腸只怕你還要前程自悞列公人凡一個人無論他怎樣的理直氣壯足智多謀只怕道着心病如今安公子正在個疑鬼疑神的時候遇見了這等一個神出鬼沒的腳色一番話說得言言逆耳字字誅心叫那安公子怎樣的開口只急得他滿頭是汗萬慮如焚紫脹了面皮倒抽口涼氣也的一聲撇了酥兒

了那女子見了不覺呵呵大笑起來說這更奇了鐘不打不響話不說不明有話到底說呀怎麼哭起來了呢再說你也是大高的個漢子咧方纔若是小就是小有眼淚也不該向我們女孩兒流哇這句話一愧這位小爺索興嗚嗚咽咽的痛哭起來那女子道既這樣讓你哭哭完了我到底要問你到底得說公子一想我原爲保護這幾兩銀子怕悞了老人家的大事所以纔苦苦的防範支吾如今他把我的行藏說的來如親眼見的一般就連這銀子的數目他都曉得我還瞞些甚麼來況且看他這本領心胸慢說取我這幾兩銀子就要我的性命大約也不費甚麼

事或者他問我果真有個道理也未可知左思右想事到其間也不得不說了他便把他父親怎的半生攻苦纔得了個榜下知縣纔得了知縣怎的被那上司因不托人情不送壽禮忌才貪賄使尋了個錯縫子參了革職拿問下在監裡帶罪賠修自己怎的丢下功名變了田產去救父親這場大難怎的上了路幾個家人回去的回去沒來的沒來臥病的臥病只剩了自己一人那華奶公此時怎的不知生死打發騾夫去找褚一官夫婦怎的又不知來也不來一五一十從頭至尾本本源源滔滔滾滾的對那女子哭訴了一遍那女子不聽猶可聽了這話只見他柳眉

例豎杏眼圓睜腮邊烘兩朶紅雲面上現一團煞氣口角兒一動鼻翅兒一搧那副熱淚就在眼眶兒裡滴溜溜的亂轉只是不好意思哭出來他便搭赸着理了理兩鬢用袖子把眼淚沾乾向安公子道你原來是位公子公子你這些話我却知道了也都明白了你如今是窮途末路舉目無依便是你請的那褚家夫婦我也曉得些消息大約也絕不得來你不必妄等我既出來多了這件事便在我身上還你個人財無恙父子團圓我眼前還有些未了的小事須得親自走遭回來你我短話長說着此時纔不過午錯時分我早則三更遲則五更必到儻然不到便等到

明日也不爲遲你須要步步留神第一拿定主意你那兩個騾夫回來無論他說褚家怎樣的個閒話你總等見了我的面再講動身要緊要緊說着叫了店家拉過那驢兒騎上說了聲公子保重請了一陣電捲星飛霎時不見踪影半日公子還站在那裡呆望悵悵如有所失却說那女子撥那石頭的時節衆人便都有些詫異及至合公子攀談了這番話意外便有許多人走來走去的竊聽一時傳到店主人耳中那店主人本是個老經紀他見那女子行跡有些古怪公子又年輕不知庶務生恐弄出些甚麼事來店中發累便走到公子房中要問個端的那公子正想

着方纔那女子的話在那裡納悶見店主人走進來只得起身讓坐那店主人說了兩句閒話便問公子道客官方纔走的那個娘兒們是一路來的麼公子答說不是店主人又問這樣一定是向來認識在這裡遇着了公子道我連他的姓字名誰家鄉住處都不知道從那裡認得起店主人說既如此我可有句老實話說給你客官你要知我們開了這座店將本圖利也不是容易一天開開店門凡是落我這店的無論腰裡有個一千八百以至一弔兩弔都是店家的干係保得無事彼此都願意萬一有個失閃我店家擔不上乾淨兒來事情小還不過費些精神唇舌

兒女英雄傳

到了事情大了跟着經官動府聽審過衙也說不了這咱們可講得是各由天命要是你自己各兒招些邪魔外祟來弄的受了累那我可全不知道據我看方纔這個娘兒們太不對眼還沾着有點子邪道慢說客官你就連我們開店的只管甚麼人都經見過直斷不透這個人來我們也得小心客官你自己也得小心公子着急說難道我不怕嚇他我了我來的又不是我找了他來的你叫我怎麼個小心法兒呢那店主人道我到有個主意客官你可別想左了講我們這些開店的仗的是天下仕宦行台那怕你進店來喝壺茶吃張餅都是我的財神爺再沒說拿着

財神爺往外推的依我說難道客官你眞個的還等他三
更半夜的回來不成知道弄出個甚麼事來莫如趁天氣
還早躲了他等他晚上果然來的時候我們店裡就好合
他打饑荒了你老自想想我這話是爲我是爲你公子說
你叫我一個人兒躲到那裡去呢那店主人往外一指說
那不是他們脚上的夥計們回來了公子往外一看只見
自己的兩個騾夫回來了公子連忙問說怎麽樣見着他
沒有白臉兒狠說好容易纔找着了那個褚爺給你老稍
了個好兒來他說家裡的事情摘不開不得來請你老親
自去今兒就在他家住他在家老等公子聽了猶疑那店

走人便說這事情巧了客官你就借此避開了豈不是好那兩個騾夫都問怎麽同事店家便把方纔的話說了一遍騾夫一聽正中下懷便一力的攛掇公子快走公子因是十分不願一則自已本有些害怕二則當不得店家騾夫兩下裡七言八語三則想着相離也不過二十多里地且到那裡見着褚一官也有個依傍四則也是他命中注定合該有這場大難心中一時忙亂便把華奶公囑咐的走不得小路合那女子說的務必等他回來見了面再走的這些話全忘在九霄雲外便忙忙的收拾行李背上牲口帶了兩個騾夫竟自去了列公說書的說了半日這女

子到底是個何等樣人他到此究竟爲着些甚麽事他因何苦苦的追問安公子的詳細原委又怎的知道安公子一路行藏他旣合安公子素昧平生爲甚麽挺身出來要攬這椿閒事及至交代了一番話又匆匆的那裏去了若不一一交代明白聽書的悶着豈不氣悶如今且慢提他的姓名籍貫原來這人天生的英雄氣壯兒女情深是個脂粉隊裡的豪杰俠烈塲中的領袖他自己心中又有一腔的彌天恨事透骨酸心因此上雖然是個女孩兒激成了個抑强扶弱的性情好作些殺人揮金的事業路見不平便要拔刀相助一言相契便肯瀝膽訂交見個敗類縱

然勢焰薰天他看着也同泥豬瓦狗遇見正人任是貧寒求乞他愛的也同威鳳祥麟分明是變化不測的神龍好比那慈悲度人的菩薩那兩個騾夫在岔道口土山前先看見的那個騎驢兒的便是這個人他從山下經過耳輪中正聽得白臉兒狼說咱們有本事硬把他被套裡的那二三千銀子搬運過來這不領他的情呢的這句話心中一動說這不是一樁倚勢圖財的勾當麽他便把驢兒一帶繞到山後下了驢兒從山後上去隱在亂石叢樹裡竊聽多時把白臉兒狼傻狗二人商量的傷天害理的這段陰謀聽了個詳細登時義憤塡胸便依着那兩個騾夫說

的路數兒順了大道一路尋來要訪着安公子看看他怎生一個人怎樣一個來歷及至到那悅來老店訪着了見安公子那一番的舉動早知他是不通世路艱難人情利害的一個公子哥兒看着不由得心中又是好笑又是可憐想着這番情由又不覺得着惱因此借那塊石頭作了一個見面答話的由頭誰想安公子面嫩心虛又吞吞吐吐的不肯道出實話他便點破了疑團一席話激出公子的實話來纔曉得安公子是個孝子又恰恰的碰上了他那一腔酸心恨事動了個個同病相憐的心想救他這場大難方纔又明聽得兩個騾夫商量不給褚一官送那封

信去便是安公子不受騾夫的賺不肯動身又叫他一人怎樣的登程因此自己便輕輕兒的把這樁不相干沒頭腦的事兒一肩担了起來想着先走這遭把這事弄個徹底周全也不値得問這兩個騾夫自已自然有個叫他好好的送安公子穩到淮安的本領故此臨行諄諄的囑咐公子無論騾夫怎樣個說法務必等他回來見面再行至於那老店主的一番好意可巧成就了騾夫的一番陰謀那女子如何算計得到這又叫作無巧不成書如今說書的把這話交代清楚不再絮煩言歸正傳却說那兩個騾夫引着安公子出了店門順着大路轉了那條小路一直

的奔了岔道口的那座大土山來書裏交代過的從這山往南岔道便是上二十八棵紅柳樹的路往北岔道便是上黑風崗的路他兩個不往南走引了安公子往北而行行了一程安公子見那路漸漸的崎嶇不平亂石叢叢沒些村落人烟心中有些怕將起來便說怎的走到這等荒僻地方來了白臉兒狼答說這是小道兒那比得官塘大道兒你老看這遠遠的不是有座大山崗子嗎過了那山崗子不遠兒就瞧見那二十八棵紅柳樹咧公子只得催着牲口趲向前去行了一程來到黑風崗的山脚下只見白臉兒狼向傻狗使了個眼色說你可緊趲着些兒走還得

照應着行李合那個空騾子我先上崗子去看有對頭來的牲口好招呼他一聲兒不然這等窄道兒擠到一塊子可就不好開咧公子心下說不想這兩個騾夫能如此盡心到去倒得賞他一賞那白臉兒狠說着把騾子加上一鞭子那騾子便鑿着腦袋使着勁奔上坡去挽的脖子底下那個鈴鐺唏啷嘩啷山響不想上了不過一箭多遠那騾子忽然窩裡發炮的一閃把那白臉兒狠從騾子上掀將下來你道這是甚麼原故這個書雖是小說評話卻没那些說鬼說神没對証的話原來那白臉兒狠正走之間路旁有棵多年的囘乾老樹那老樹上半截剩了一個杈

兒活着下半截都空了裡頭住了一窩老梟這老梟大江以南叫做猫頭鵰大江以北叫做夜猫子深山裡面隨處都有這山裡等閒無人行走那夜猫子白日裡又不出窩忽然聽得人聲只道有人掏他的崽兒來了便橫冲了出來一翅膀正搧在那騾子的眼睛上那騾子護疼把腦袋一撥甩就把騎着的人掀了下來連那脖子底下拴的鈴鐺也甩掉了落在地下那騾子見那鈴鐺滿地亂滾又一眼岔心設一踅頭順着黑風崗的山根兒跑了下去那狀騾又是戀羣的一個一跑那三個也跟了下來那白臉兒狠摔的草帽子也丢了幸而不會摔重他見四頭騾子都

跑下去一咕嘍身爬起來顧不得帽子撒開腿就趕這趕腳的營生本來兩條腿跟着四條腿跑還趕不上如今要一個八跟着四頭騾子跑那裡趕得上呢一路緊趕緊走慢趕慢行一直的趕至一座大廟跟前那廟門前有個飲馬槽那騾子奔了水去這才一個站住都站住了傻狗先下了牲口攏住那個騾子罵道不塡還人的東西等着今兒晚上宰了你吃肉安公子在牲口上定了定神下來口裡嘆道怎麽又岔出這件事來抬頭一看只見那廟好一座大廟只是破敗的不成個模樣山門上是能仁古剎四個大字還依稀彷彿看得出來正中山門外面用亂磚砌

着左右兩個角門儘西頭有個東門也都關着那東邊的門墻上却挂着一個木牌上寫本廟安寓過往行客隔墻一望裡面塔影冲霄松聲滿耳香烟冷落殿宇荒涼廟外有合抱不交的幾株大樹挨門一棵樹下放着一張棹子一條板櫈棹上晾着幾碗茶一個錢笸籮樹上掛着一口鐘一個老和尚在那裡坐着賣茶化緣公子便問那老和尚道這裡到二十八棵紅柳樹還有多遠那老和尚說你們上二十八棵紅柳樹怎的走起這條路來你們想是從大路來的呀你們上二十八棵紅柳樹自然該從岔道口往南去纔是呢公子一聽這不又繞了遠兒了嗎說着只

見那白臉兒狠滿頭大汗的趕了來公子問他道你看如今又耽閣了這半天工夫得甚麼時候纔到呢白臉兒很氣喘吁吁的說不値甚麼咱們再繞上崗子去一下崗子就快到了公子向西一望見那大陽已經啣山看看的要落下去便指着說道你看這還趕的過這崗子去嗎兩個騾夫未及答言那老和尚便說你們這時候還要過崗子可是不要命喝粥了我告訴你們這山上倆月頭裡出了一個山貓兒幾天兒的工夫傷了兩三個人了這往前去也沒飯店人家依我說你們今晚且在廟裡住下明日早起再過崗子去罷說着拿起鐘鎚子來噹噹噹的便把那

鐘敲了三下只見左邊的那座角門嗶拉一响早走出兩個和尚來一個是個高身量生得渾身精瘦約有三十來歲一個是個秃子將就材料當了和尚也有二十多歲一齊向公子說施主寺宿兒呀廟裡現成的茶飯乾淨房子住一夜隨心佈施不爭你的店錢公子纔點了點頭還没說出話來那白臉兒狠忙着搶過來說你別攪局我們還趕道兒呢那兩個和尚發話道人家本主兒都答應了你不答應就是我們僧家剩個幾百錢香錢也化的是十方施主的沒化你的不由分說就先把那馱行李的騾子拉進門去傻狗忙攔他說你也不打聽打聽誰買的胡琴兒

你就拉起來咧白臉兒狠一見生怕嘈嘈起來倒悞了事想了想天也真不早了就趕到崗上天黑了也不好行事又加着自己也跑乏了索興今晚在廟裡住下等明日早走依就如法泡製也不怕他飛上天去便攔傻狗說不咱們就住下罷他倒先轟着騾子趕進門來公子進門一看原來裡面是三間正殿東西六間配殿東北角上一個隨墻門裡邊一個拐角墻擋住看不見院落西南上一個棚欄門裏面馬棚槽道俱全那佛殿門窗脫落滿地鴿翎蝠糞敗葉枯枝只有三間西殿還糊着窗紙可以住人那和尚便引了公子奔西配殿來公子站在台堦上看着卸行

李兩個和尚也幫着搭那馱子搭下來往地下一放覺得觔兩沉重那瘦的和尚向着那禿子丟了個眼色道你告訴當家的一聲兒出來招呼客呀那禿子答應了一聲去不多時只見從那邊隨牆門兒裡走出一個胖大和尚來那和尚生得濃眉大眼赤紅臉糟鼻子一嘴巴子硬鋼鋼的鬍子查兒脖子上帶着兩三道血口子看那樣子像是抓傷的一般他假作斯文一脈走到跟前打着問訊說道施主辛苦了這裡不潔淨一位罷咧請到禪堂裡歇罷那裡諸事方便也嚴謹些公子一面答禮回頭看了看那配殿裡原來是三間通連南北順山兩條大炕却也實在

難住便同了那和尚往東院而來一進門見是極寬展的一個平正院落正北三間出廊正房東首院墻另有個月光門兒望着裡面像是個厨房樣子進了正房共間有槽隔斷堂屋西間一通連兩間靠窗南炕通天排插堂屋正中一張方棹兩個杌子左右靠壁子兩張春橙東裡間靠西壁子一張木牀挨牀靠窗兩個杌子靠東墻正中一張條棹左右南北擺着一對小平頂櫃北面却又隔斷一層一個小門似乎是個堆零星的地方屋裡也放着臉盆架等物那當家的和尚讓公子堂屋正面東首坐下自己在下相陪這陣鬧那天就是上燈的時候兒了那時正是八

月初旬天氣一輪皓月漸漸東升照得院子裡如同白晝接着那兩個和尚把行李等件送了進來堆在西間炕上當家的和尚吩咐說那脚上的兩個夥計你們招呼罷兩個和尚笑嘻嘻的答應着去了只聽那胖和尚高聲叫了一聲三兒點燈來便有一個十五六歲的小和尚點了兩個蠟燭來又去給公子倒茶打臉水門外化緣的那個老和尚也來幫着穿梭也價服侍公子公子心裡十分過意不去一時茶罷緊接着端上菜來四碟兩碗無非豆腐麪筋青菜之流那油盤裡又有兩個盅子一把酒壺那老和尚隨後又拿了一壺酒來壺梁兒上拴着一根紅頭繩兒

說當家的這壺是你老的也放在棹兒上那和尚陪着笑向安公子道施主僧人這裡是個苦地方没甚麽好喫的就是一盅素酒倒是咱們廟裡自已淋的說着站起來拿公子那把壺滿滿的斟了一盅送過去公子也連忙站起來說大師傅不敢當和尚隨後把自已的酒也斟上端着盅兒讓公子說施主請公子端起盅子來虛舉了一舉就放下了讓了兩遍公子總不肯沾脣那和尚說酒涼了換一換罷說着站起來把那盅倒在壺裡又斟上一盅說道喝一盅僧人五葷都戒就只喝口素酒這個東西冬天擋寒夏天煞水像走長道兒還可以解乏喝了這一盅我再

不讓了那和尚一面送酒公子一面用手謙讓說別斟了我是天性不飲抵死不敢從命一時匆忙手裡不曾接住一失手連盅子帶酒掉在地下把盅子砸了個粉碎潑了一地酒不料這酒潑在地下忽然間唿的一聲冒上一股火來那和尚登時翻轉面皮說道呀我將酒敬人並無惡意怎麼你把我的酒也潑了盅子也摔了你這個人好不懂交情說着伸過手來把公子的手腕子拿住往後一擄公子噯喲了一聲不由的就轉過臉去口裡說道大師傅我是失手不要動怒那和尚更不答話把他推推搡搡推到廊下只把這隻胳膊往廳柱上一搭又把那隻胳膊也

拉過來交代在一隻手裡摁住騰出自己那隻手來在僧衣裡抽出一根蔴繩來十字八道把公子的手捆上只嚇得那公子魂不附體戰兢兢的哀求說大師傅不要動怒你看菩薩分上憐我無知放下我來我喝酒就是了那和尚儘他哀告揔不理他怒轟轟的走進房去把外面大衣甩了又拿了一根大繩出來往公子的胸前一搭向後抄手繞了三四道打了一個死扣兒然後摳成雙股往腿下一道道的盤起來緊緊了繩頭他便叫三兒拿傢伙來只見那三兒連連的答應說來了來了手裡端着一個紅銅鏇子盛着半鏇子涼水鏇子邊上擱着一把一尺來長潑

風也似價的牛耳尖刀公子一見嚇的一身雞皮疙瘩頂門上轟的一聲只有兩眼流淚氣喘聲嘶的分兒也不知要怎樣哀求纔好沒口子只叫大師傅可憐你殺我一個便是殺我三個那和尚睜了兩隻圓彪彪的眼睛指着公子道呀小小子兒別說閒話你聽着我也不是你的甚麼大師傅者爺是行不更名坐不改姓有名的赤面虎黑風大王的便是因爲看破紅塵削了頭髮因見這座能仁古刹正對着黑風崗的中峯有些風水故此在這裡出家作這椿慈悲勾當像你這個樣兒的我也不知宰過多少了今日是你的天月二德老爺家裡有一點摘不開的家務

故此不會出去你要啞默悄靜的過去我也不耐煩去請你來了如今是你肥猪拱門我看你肥猪拱門的這片孝心怪可憐見兒的給你留個囫圇尸首給你口藥酒兒喝叫你糊裏糊塗的死了就完了事了怎麽露着你的鼻子兒尖眼睛兒亮瞧出來了抵死不喝我如今也不用你喝了你先抵囘死我瞧瞧我要看看你這心有幾個窟窿兒你瞧那厨房院子裡有一眼没底兒的乾井那就是你的地方兒這也不值的嚇的這個嘴臉二十年又是這麽高的漢子明年今日是你抓週兒的日子偺爺兒倆有緣我還吃你一碗羊肉汆滷過水麪呢再見罷着兩隻手一說

層層的把住公子的衣衿喨喳一聲只一扯扯開把大衿向後又掖了一掖露出那個白嫩嫩的胸脯兒來他便向銅鏇子裡拿起那把尖刀右手四指攏定了刀靶大拇指按住了刀子的掩心先把右胳膊往後一掣豎起左手大指來按了按公子的心窩兒可憐公子此時早已魄散魂飛雙眼緊閉那凶僧描准了地方兒從胳膊肘兒上往前一用勁對着公子的心窩兒刺來只聽噗嗳呀咕咚噹啷三個人裡頭先倒了一個這正是雀捕螳螂人捕雀暗送無常死不知要知那安公子的性命何如下回書交代

兒[illegible]雄傳評話第六回

[illegible]轟電掣彈斃凶僧　冷月昏鐙刀殲餘寇

這回書緊接上回不消多餘交代上回書表得是那凶僧把安公子綁在廳柱上剝開衣服手執牛耳尖刀分心就刺只聽得噗的一聲咕咚倒了一個這話聽書的列公亦沒有聽不出來的只怕有等不曾書裡節目妄替古人担憂的聽到這裡先哭眼抹淚起來說書的罪過可也不小請放心倒的不是安公子怎見得不是安公子呢他在廳柱上綁着請想怎的會咕咚一聲倒了呢然則這倒的是誰是和尚和尚倒了就直捷痛快的說和尚倒了就完了

事了何必鬧這許多累贅呢這可就是說書的一點兒鼓噪閑話休提却說那凶僧手執尖刀望定了安公子的心窩兒纔要下手只見斜刺裏一道白光兒閃爍爍從半空裏撲了來他一見就知道有了暗器了且住一道白光兒怎曉得就是有了暗器書裸交代過的這和尚原是個渡了馬的大强盜大凡作個强盜也得有强盜的本領强盜的本領講得是眼觀六路耳聽八方慢講白晝對面相持那怕夜間腦後有人暗算不必等聽出脚步兒來未從那兵器來到跟前早覺得出個兆頭來轉身就要招架倘若何况這和尚動手的時節正是月色東升照的如同白晝

這白光兒正迎着月光而來有甚麽照顧不到的他一見連忙的就把刀子往回來一掣待要躲閃怎奈右手裡便是隱戶左手裡又站着一個三兒端着一鏇子涼水在那裡等着接公子的心肝五臟再沒說反倒往前迎上去的理往後料想一時倒退不及他便起了個賊智把身子往下一蹲心裡想着且躲開了頸嗓咽喉讓那白光兒從頭頂上撲空了過去然後膾出身子來再作道理誰想他的身子蹲得快那白光兒來得更快噗的一聲一個鐵彈子正着在左眼上那東西進了眼睛敢是不住要站一直的奔了後腦杓子的腦瓜骨咯噔的一聲這纔站住了那凶

僧雖然凶橫他也是個肉人這肉人的眼珠子上要着上這等一件東西大槩比揉進一個沙子去利害只疼得他嗳喲一聲咕咚往後便倒噹啷啷手裡的刀子也扔了那時三兒在旁邊正獃獃的望着公子的胸膛子要看這回刀尖出彩只聽咕咚一聲他師傅跌倒了嚇了一跳說你老人家怎麼了這準是使猛了勁岔了氣了等我騰出手來扶起你老人家來啵纔一轉身毛着腰要把那銅鏇子放在地下好去攙他師傅這個當兒又是照前嘣的一聲一個彈子從他左耳朵眼兒裏打進去打了個過膛兒從右耳朵眼兒裡鑽出來一直打到東邊那個廳柱上吧撻

的一聲打了一寸來深進去嵌在木頭裡邊那三兒只叫
得一聲我的媽呀鐙把個銅鏇子扔了咕咭也窩在那裡
了那銅鏇子裡的水潑了一台堦子那鏇子稀哪嘩啦一
陣亂響便滾下台堦去了却說那安公子此時已是魂飛
魄散背了過去昏不知人只剩得悠悠的一絲氣兒在喉
間流進那大小兩個和尚怎的一時就雙雙的肉體成聖
他全不得知及至聽得銅鏇子掉在石頭上鐺的一聲響
亮倒驚得甦醒過來你道這銅鏇子怎的就能治昏迷不
省呢果然這樣那點蘇合丸閙逼關散燒黃紙打醋炭這
些方法都用不着儻然遇着個背了氣的人只敲打一陣

銅鏇子就好了列公不是這等講人生在世不過仗着氣血兩個字五臟各有所司心生血肝臟血脾統血大凡人受了驚恐膽先受傷肝膽相連膽一不安肝葉子就張開了便藏不住血血不歸經一定的奔了心去心是件空靈的東西見了潭血豈有不糢糊的理心一糢糊氣血都滯住了可就背過去了安公子此時就是這個道理及至猛然間聽得那銅鏇子鏘啷啷的一聲響亮心中吃那一嚇心繫兒一定是往上一提心一離血血依然隨氣歸經心裡自然就清楚了這是個至理不是說書的造謠言如今却說安公子甦醒過來一睜眼見自已依然綁在柱上兩

個和尚反倒橫躺豎臥血流滿面的倒在地下喪了殘生他口裡還稱怪事說我安驥此刻還是活着呢還是死了這地方還是陽世啊還是陰司我這眼前見的這光景還是人境啊還是鬼境他口裡還是鬼境的這句話還不曾說完只見半空裡一片紅光唰好似一朶彩霞一般噗一直的飛到面前公子口裡說聲不好重又定睛一看那裡是甚麽彩霞原來是一個人只見那人頭上罩一方大紅縐綢包頭從腦後燕尾邊兒向前來掐成雙股兒在額上紮一個蝴蝶扣兒上身穿一件大紅縐綢箭袖小襖腰間繫一條大紅縐綢重穗子汗巾下面穿一件大紅縐綢甩檔中

衣脚下的褲腿兒看不清楚原故是登着一雙大紅香羊皮挖雲寶納的平底小靴子左肩上挂着一張彈弓背上斜背着一個黃布包袱一頭搭在右肩上那一頭兒却向左脅下掏過來繫在胸前那包袱裡面是甚麽東西却看不出來只見他芙蓉面上挂一層威凛凛的嚴霜楊柳腰間帶一團冷森森的殺氣雄糾糾氣昂昂的一言不發闖進房去先打了一照回身出來就抬腿噁的一脚把那小和尚的尸首踢在那拐角墻邊然後用一隻手捉住那大和尚的領門兒一隻手揪住腰胯提起來只一扔合那小和尚扔在一處他把脚下分撥得清楚便蹲身下去把那

把刀子搶在手裡直奔了安公子來安公子此時嚇得眼花撩亂不敢出聲忽見他手執尖刀奔向前來說我安驥這番性命休矣說話間那女子已走到面前一伸手先用四指搭住安公子胸前橫綁的那一股兒大繩向自己懷裡一帶安公子哼了一聲他也不採便用手中尖刀穿到繩套兒裡哧嚓的只一挑那繩子就齊齊的斷了這一股兒一斷那上身綁的繩子便一段段的鬆了下來安公子這纔明白他敢是救我來了但是我在店裡碰見了一個女子害得我到這步田地怎的此地又遇見一個女子好不作怪却說那女子看了看公子那下半截的繩子却是

擰成雙股挽了結子一層層繞在腿上的他覺得不便去解他把那尖刀背兒朝上刃兒朝下按定了分中一刀到底的只一割那繩子早一根變作兩根兩根變作四根四根變作八根紛紛的落在腳下堆了一地他順手便把刀子唿嚓一聲插在窗邊金柱上這纔向安公子答話這句話只得一個字說道是走安公子此時鬆了綁渾身麻木過了纔覺出酸疼來疼的他只是攢眉閉目搖頭不語那女子挺胸揚眉的又高聲說了一句道快走安公子這纔聯眼望着他說你你你你這人叫我走到那裡去那女子指着屋門說走到屋裡去安公子說哪哪我的手還捆在

這俚怎的個走法不錯前回書原交代的捆手另是一條繩子這話要不虧安公子提補不但這位姑娘不得知道連說書的還漏一個大縫子呢閑話休提却說那女子聽了安公子這話轉在柱子後面一看果然有條小繩子捆了手緊着一個猪蹄扣兒他便尋着繩頭解開向公子道這可走罷公子鬆開兩手慢慢的將將過來放在嘴邊咈咈的吹着說道痛煞我也說着順着柱子把身子往下一溜便坐在地下那女子焦躁道叫你走怎的倒坐下來了呢安公子望着他淚流滿面的說我是一步也走不動了那女子聽了才要伸手去攙一想男女授受不親到底不

便他就把左肩的那張彈弓褪了下來弓背向地弓弦朝天一手托住弓靶一手按住弓稍向公子道你兩手攀住這弓就起來了公子說我這樣大的一個人這小小弓兒如何攀得住那女子說你不要管且試試看公子果然用手攀住了那弓兩子只見那女子左手把弓靶一托右手將弓稍一按釣魚兒的一般輕輕的就把個安公子釣了起來從旁看着倒像樹枝兒上站着個纔出窩的小山喜鵲兒前仰後合的站不住又像明杖兒拉着個瞎子兩隻手就地兒亂拉却說那公子立起身來站穩了便把兩隻手倒轉來扶定那弓𢭃子跟了女子一步步的踱進房來

進門行了兩步那女子意思要把他扶到靠排插的這張春橙上歇下還不曾到那裡他便雙膝跪倒向着那女子道不敢動問你可是過往神靈不然你定是這廟裡的菩薩來解我這場大難救了殘生望你說個明白我安驥果然不死父子相見那時一定重修廟宇再塑金身那女子聽了這話笑了一聲道你這人越發難說話了你方纔同我在悅來店對面談了那半天又不隔了十年八年千里萬里怎的此時會不認得了鬧到甚麼神靈菩薩起來安公子聽了這話再留神一看可不是店裡遇見的那人麼他便跪在塵埃說道原來就是店中相遇的那位姑娘姑

娘不是我不相認一則是燈前月下二則姑娘你這番裝束與店裡見的時節大不相同三則我也是嚇昏了四則斷不料姑娘你就肯這等遠路深更趕來救我這條性命你眞眞是我的重生父母再養說到這裡咽住一想不像話人家纔不過二十以內的個女孩兒自己也早十七八歲的人了怎生的說他是我父母爹娘還要叫他重生再養一時生怕惹惱了那位女子又急得紫漲了面皮說不出一個字來誰想那女子不但不在這些閑話上留心就連公子在那裡磕頭禮拜他也不曾在意只見他忙忙的把那張彈弓挂在北墻一個釘兒上便回手解下那黃布

包袱來兩手從脖子後頭繞着往前一轉一手提了往炕上一擲只聽噗通一聲那聲音覺得像是沉重又見他轉過臉去兩隻手望短褉底下一抄公子只道他是要整理整理衣裳忽聽得喀吧一聲就從衣襟底下忒楞楞跳出一把背兒後刃兒薄尖兒長靶兒短削鐵無聲吹毛過刃殺人不沾血的纏鋼折鐵雁翎倭刀來那刀跳將出來映着那月色燈光明閃閃顫巍巍冷氣逼人神光繞眼公子一見又阿噯了一聲那女子道你這人怎生的這等糊塗我如果要殺你方纔趁你綁在柱子上現成的那把牛耳尖刀殺着豈不省事些公子連連答說是是只是如今和

尚已死姑娘你還拿出這刀來何用呢那女子道此時不是你我閒談的時候因指定了炕上那黃布包袱向他說道我這包袱萬分的要緊如今交給你你扎挣起來上炕去給我緊緊的守着他少刻這院子裡定有一場的大鬧你要愛看熱鬧兒牕戶上通個小窟窿巴着睄睄使得可不許出聲兒萬一你出了聲兒招出事來弄的我兩頭兒照顧不來你可沒有兩條命小心說着噗的一口先把燈吹滅了隨手便把房門掩上公子一見又急了說這是作甚麼呀那女子說不許說話上炕看着那包袱要緊公子只得一步步的蹭上炕去也想要把那包袱提起來提了

摁沒問動便兩隻手拉到炕裡邊一屁股坐在上頭謹遵台命一聲兒不哼穩風兒不動的聽他怎生個作用埋說那女子吹滅了燈掩上了門他却倚在門傍不則一聲的聽那外邊的動靜約莫也有半盞茶時只聽得遠遠的兩個人說說笑笑唱唱咧咧的從牆外走來唱道是八月十五月兒照樓兩個獨虎子去走籌一根燈草嫌不亮兩根燈草又嫌費油有心買上一枝羊油燭倒沒我這腦袋光溜溜一個笑着說道你是甚麼頭口有這麼打自得兒的沒有一個答道這就叫禿子當和尚將就裁料兒又叫和尚跟着月亮走也借他點光兒那女子聽了心裡說道這

一定是兩個不成裁料的和尚他便吮破牕櫺望牕外一看果見兩個和尚嘻嘻哈哈醉眼糢糊的走進院門只見一個是個瘦子一個是個禿子他兩個繞拐過那座拐角墻就說道咦師傅今日怎麽這麽早就吹了燈兒睡了那瘦子說想是了了事了罷咧那禿子說了了事再沒不知會偺們扛架椿的不要是那事兒說合了蓋兒了老頭子顧不得這個了罷那瘦子道不能就算說合了蓋兒了難道連尋宿兒的那一個也蓋在裡頭不成二人你一言我一語的只顧口裡說話不妨腳底下鐙的一聲踢在一件東西上倒嚇了一跳低頭一看原來是個銅鏇子那禿子

便說道誰把這東西扔在這兒咧這准是三兒幹的偺們給他帶到廚房裡去說着毛下腰去揀那鑿子起來一抬頭月光之下只見拐角墻後躺着一個人秃子說你瞧那不是架椿可不了了事了瞧那瘦子走到跟前一看道怎麼倆呀灣腰再一看他就嚷將起來說敢則是師傅你瞧三兒也幹了這是怎麼說秃子連忙扔下鑿子趕過去看了也詫異道這可是邪的難道那小子有這麼大神煞不成但是他又那兒去了呢秃子說別管那些偺們踹開門進去瞧瞧說着纔要向前走只聽房門响處嗖早躥出一個人來站在當院子裡二人冷不防嚇了一跳一看見是

個女子便不在意那瘦子先說道怪咧怎麼他又出來了
這不又像說合了蓋兒了嗎旣合了蓋兒怎麼師傅倒幹
了呢禿子說你別鬧你細瞧這不是那一個這倒得盤他
一盤因向前問道你是誰那女子答道我是我禿子道是
你就問你咧我們這屋裡那個人呢女子道這屋裡那個
人你交給我了嗎那瘦子道先別講那個我師傅這是怎
麼了女子道你師傅這大槩算死了罷瘦子道知道是死
了誰弄死他的女子道我呀瘦子道你講甚麼情理弄死
他女子道准他弄死人就准我弄死他就是這麼個情理
瘦子聽了這話說野的伸手就奔了那女子去只見那女

子不慌不忙把右手從下往上一翻用了個葉底藏花的架式吧只一個反巴掌早打在他腕子上撥了開去那瘦子一見說怎麼着手裡有活這打了我的叫兒了你等等兒偺們爺兒倆較量較量你大概也不知道你小大師傅的少林拳有多麼霸道可別跑女子說有跑的不來了等着請教那瘦子說着甩了外面的僧衣交給秃子說你閃開看我打他個敗火的紅姑娘兒模樣兒那女子也不合他鬬口便站在台堦前看他怎生個下腳法只見那瘦子緊了緊腰轉向南邊向着那女子吐了個門戶把左手攏住右拳頭往上一拱說了聲請且住難道兩個人打起來

了還鬧許多儀注不成列公打拳的這家武藝却與厮殺械鬬不同有個家數有個規矩有個架式講家數爲頭數武當拳少林拳兩家武當拳是明太祖洪武爺留下的叫作內家少林拳是姚廣孝姚少師留下的叫作外家大凡和尙學的都是少林拳講那打拳的規矩各自站了地步必是彼此把手一拱先道一個請字招呼一聲那拱手的時節左手攏着右手是讓人先打進來右手攏着左手是自己要先打出去那架式拳打腳踢拿法破法各有不同若論這瘦和尙的少林拳却頗頗的有些拿手三五十人等閒近不得他只因他不守僧規各各廟存身不住纔跟

了這個胖大强盜和尚在此作些不公不法的事如今他見這女子方纔的一個反巴掌有些家數不覺得技癢起來又欺他是個女子故此把左手攏着右拳讓他先打進來自己再破出去那女子見他一拱手也丟個門戶一個進步便到了那和尚跟前舉起雙拳先在他面門前一幌這叫作開門見山却是個花着兒破這個架式是用右胳膊横着一搪封住面門順着用右手往下一抹拿住他的左腕子一掄將他身子掄轉過來却用右手從他脖子右邊反插將去把下巴一掐叫作黃鶯搦膆那和尚見那女子的雙拳到來就照式樣一搪不想他把拳頭虛幌了

一幌趄回身去就走那瘦子哈哈大笑說原來是個頑女觔斗的不怎麽樣說着一個進步跟下去舉拳向那女子的後心就要下手這一着叫作黑虎偷心他拳頭已經打出去了一眼看見那女子背上明幌幌直豎豎的掖着把刀他就把拳頭往上偏左一提照左哈扐巴打去明看着是着上了只見那女子左肩膀往前一扭早打了個空他自覺身子往前一撲趕緊的拿了拿椿站住只這拿椿的這個當兒那女子就把身子一扭甩開左脚一回身𨁾的一聲正踢在那和尚右肋上和尚哼了一聲纔待還手那女子收回左脚把脚跟向地下一碾輪起右腿甩了一個

旋風嘟噜那和尚向左太陽上早着了一脚站脚不住咕咚向後便倒這一着叫作連環進步鴛鴦拐是這姑娘的一樁看家的本領真實的藝業却說那禿子看見夥了群小撒糞的這不反了嗎一氣跑到厨房拿出一把三尺來長鐵火剪來輪得風車兒般向那女子頭上打來那女子也不去搪他連忙把身子閃在一旁拔出刀來單臂掄開從上往下只一蓋聽得噌的一聲把那火剪齊齊的從中腰裡砍作兩段那禿和尚手裡只剩得一尺來長兩根大鐵頭釘子似的東西怎的個鬬法他說聲不好丟下回頭就跑那女子趕上一步喝道狗男女那裡走在背後舉起刀

來照他的右肩膀一刀唿嚓從左肋裡砍將過來把個和尙弄成了黃瓜醃葱剩了個斜岔兒了他同手又把那瘦和尙頭梟將下來用刀指着兩個尸首道賊禿驢諒你這兩個東西也不值得勞你姑娘的手段只是你兩個滿口嘤的是些甚麽正說着只見一個老和尙用大袖子握着脖子從厨房裡跑出來溜了出去那女子也不追趕向他道不必跑饒你的殘生諒你也不過是出去送信再叫兩個人來索性讓我一不作二不休見一個殺一個見兩個殺一雙殺個爽快說着把那兩個尸首踢開先清楚了脚下只聽得外面果然鬧鬧吵吵的一轟進來一羣四五個

七長八短的和尚手拿鍬钁棍棒擁將上來女子見這班人渾頭渾腦都是些力巴心裡想道這倒不好合他交手且打倒兩個再說他就把刀尖虛按一按托地一跳跳上房去揭了兩片瓦朝下打來一瓦正打中拿滾木槓子的一個大漢的額角噗的一聲倒了把槓子撂在一邊那女子一見重新跳將下來將那槓子搶到手裡掖上倭刀一手掄開槓子指東打西指南打北打了個落花流水東倒西歪一個個都打倒在東墻犄跟前翻着白眼撥氣兒那女子冷笑道這等不禁插打也值的來送死我且問你你們廟裡照這等没用的東西還有多少言還未了只聽腦

背後暴雷也似價一聲道不多還有一個那聲音像是從半空裡飛將下來緊接着就見一條純鋼龍尾禪杖撒花蓋頂的從腦後直奔頂門那女子眼明手快連忙丟下槓子拿出那把刀來往上一架棍沉刀軟將將的抵一個住他單臂一攢勁用刀挑開了那棍回轉身來只見一個虎面行者前髮齊眉後髮蓋頸頭上束一條日月滲金箍渾身上穿一件元青緞排扣字挍身短襖下穿一條元青緞兜襠雞腿褲腰緊雙股鸞帶足登薄底快靴好一似蒲東寺不抹臉的憨惠明還疑是五台山没吃醉的花和尚那女子見他來勢凶惡先就單刀直入取那和尚那和尚拋

舉棍相迎他兩個一個使雁翎寶刀一個使龍尾禪杖一個棍起處似泰山壓頂打下來舉手無情一個刀擺處如大海揚波衝着他抬頭便死刀光棍勢撒開萬點寒星棍豎刀橫聚作一團殺氣一個莽和尚一個俏佳人一個穿紅一個穿黑彼此在那冷月昏燈之下來來往往吆吆喝喝這場惡鬬鬬得來十分好看那女子鬬到難解難分之處心中犯想說這個和尚倒來得恁的了得若合他這等油鬬鬬到幾時說着虛幌一刀故意的讓出一個空子來那和尚一見舉棍便向他頂門打來女子把身子只一閃閃在一旁那棍早打了個空和尚見上路打他不着擊回

棍便從下路掃着他踝子骨打來棍到處只見那女子下隻小腳兒拳回去踢躂一跳便跳過那棍去那和尚兒兩棍打他不着大吼一聲雙手攢勁輪開了棍便取他中路向左肋打來那女子這番不閃了他把柳腰一擺平身向右一折那棍便擦着左肋奔了脅下去他却揚起左胳膊從那棍的上面向外一綽往裡一裹早把棍綽在手裡和尚見他的兵器被人吃住了咬着牙撒着腰往後一拽那女子便把棍略鬆了一鬆和尚險些兒不曾坐個倒蹲兒連忙的插住兩腳挺起腰來往前一掙那女子趁勢兒把棍往懷裡只一帶那和尚便跟了過來女子舉刀向他面

前一閃和尚只顧躲那刀不防那女子抬起右腿用腳跟
向胸脯上一登噔他立腳不穩不由的撒了那純鐵禪杖
仰面朝天倒了那女子笑道原來也不過如此那和尚在
地下還待扎掙只聽那女子說道不敢起動我就把你這
蒜錘子砸你這頭蒜說着掖起那把刀來手起一棍打得
他腦漿迸裂霎時間青的紅的白的黑的都流了出來嗚
呼哀哉敢是死了那女子回過頭來見東墻邊那五個死
了三個兩個扎掙起來在那裡把頭碰的山响口中不住
討饒那女子道委屈你們幾個算填了餡了只是饒你不
得隨手一棍一個也結果了性命那女子片刻之間彈打

了一個當家的和尚一個三兒劈刀了一個瘦和尚一個禿和尚打倒了五個作工的僧人結果了一個虎面行者一共整十個人他這纔抬頭望着那一輪冷森森的月兒長嘯了一聲說這纔殺得爽快只不知屋裡這位小爺嚇得是死是活說着提了那禪杖走到牕前只見那牕櫺兒上果然的通了一個小窟窿他把着往裡一望原來老公子還方才不離坐在那個地方兩個大拇指堵住了耳門那八個指頭握着眼睛在那裡藏猫兒呢那女子叫道公子如今廟裡的這般強盜都被我斷送了你可好生的看着那包袱等我把這門戶給你關好向各處打一照再來

公子說姑娘你別走那女子也不答言走到房門跟前看了看那門上並無鎖鑰原來只釘着兩個大鐵環子他便把手裡那純鋼禪杖用手灣了轉來灣成兩股把兩頭插在鐵環子裡只一搯搯了個麻花兒把那門關好重新拔出刀來先到了厨房只見三間正房兩間作厨房屋裡西北另有個小門通禪堂一間堆些柴炭那厨房裡墻上挂着一盞油燈案上雞鴨魚肉以至米麪俱全他也無心細看趕身就穿過那月光門出了院門奔了大殿而來又見那大殿並沒些香燈供養連佛像也是暴土塵灰順路到了西配殿一望寂靜無人再往南便是那座馬圈的栅欄

門進門一看原來是正北三間正房正西一帶灰棚正南三間馬棚那馬棚裡御着一輛糙席篷子大車一頭黃牛一匹葱白叫驢都在空槽邊拴着院子裡四個騾子守着個草簾子在那裡齧一帶灰棚裡不見些燈火大約是那些做工的和尚住的南頭一間堆着一地喂牲口的草堆裡臥着倆個人從窗戶映着月光一看只見那倆人身上止剩得兩條褲子上身剝的精光胸前都是血跡糢糊碗大的一個窟窿心肝五臟都掏去了細認了認却是在岔道口看見的那兩個騾夫那女子看了點頭道這還有些天理說着趕身奔了正房那正房裡面燈燭點得正亮

兩扇房門虛掩推門進去只見方纔溜了的那個老和尚守着一堆炭火旁邊放着一把酒壺一盅酒正在那裡燒兩個騾夫的狠心狗肺吃呢他一見女子進來嚇的纔待要嚷那女子連忙用手把他的頭往下一按說不准高聲我有話問你說的明白饒你性命不想這一按手重了些按錯了筍子把個脖子按進腔子裡去哼的一聲也交代了那女子笑了一聲說怎的這等不禁按他隨把桌子上的燈拿起來裡外屋裡一照只見不過是些破箱破籠衣服鋪蓋之流又見那炕上堆着兩個騾夫的衣裳行李行李堆上放着一封信拿起那信來一看上寫着褚宅家信

那女子自語道原來這封信在這裡回手揣在懷裡邁步出門嗖的一聲縱上房去又一縱便上了那座大殿站在殿脊上四邊一望只見前是高山後是曠野左無材落右無鄉鄰止那天上一輪冷月眼前一派寒烟這地方好不冷靜又向廟裡一望四邊寂靜萬籟無聲再也望不見個人影兒端的是都被我殺盡了看畢順着大殿房脊回到那禪堂東院從房上跳將下來纔待上台堦只覺得心裡一動耳邊一熱臉上一紅不由得一陣四肢無力連忙用那把刀拄在地上說不好我大錯了我千不合萬不合方纔不合結果了那老和尚纔是如今正是深更半夜況又

在這古廟荒山我這一進屋子見了他正有萬語千言旁邊要没個証明的人幼女孤男未免覺得想到這裡渾身益發搖搖無主起來呆了半晌他忽然把眉兒一揚胸脯兒一挺拿那把刀上下一指說道癡丫頭你看這上面是甚麽下面是甚麽便是明裡無人豈得暗中無神縱說暗中無神難道他不是人不成我不是人不成何妨說給他就先到厨房向竈邊尋了一根秫稭在燈盞裡蘸了些油點着出來到了那禪堂門首一隻手扭開那鎖門的礙杖進房先點上了燈那安公子見他回來說道姑娘你可回來了方纔你走後險些兒不曾把我嚇死那女子忙問道

難道又有甚麽响動不成公子說豈止响動直進屋裡來了女子說不信門關得這樣牢靠他會進來公子道他何常用從門裡走從窻戶裡就進來了女子忙問進來便怎麽樣公子指天畫地的說道進來他就跳上卓子把那桌子上的菜舔了個干凈我這裡拍着窻戶么喝了兩聲他纔夾着尾巴跑了女子道這倒底是個甚麽東西公子道是個挺大的大狸花猫女子含怒道你這人怎的這等沒要緊如今大事已完我有萬言相告此時纔該你我閑談的時候了只見他靠了棹兒坐下一隻手按了那把倭刀言無數句話不一夕纔待開口還未開口側耳一聽只聽

得一片哭聲哭道是皇天菩薩救命呀那哭聲哭得來十分悲慘正是好似錢塘潮灑水一波纔退一波來要知那哭聲是怎的個原由那女子聽了如何下回書交代

兒女英雄傳評話第六回終

兒女英雄傳評話第七回

探地穴辛勤憐弱女　摘鬼臉談笑馘滛娃

上回書表的是那個不知姓名穿紅的女子在能仁寺掃蕩了廟裡的凶僧救了安公子的性命正待向安公子講他前番在悅來店走的情由此番到這廟裡的原故只聽得一片哭聲口叫皇天救命他便咤異道奇呀這廟裡的和尚被我殺得盡淨廟外又前是高山後是曠野遠無村落近無人家況又是深更半夜這哭聲從何而來安公子說哭了這半日了方纔還像是拌嘴似的來着我只道是街坊家呢女子說豈有此理此處那有個街坊事有蹊蹺

說着又聽得哭起來那女子便走到當院裡順着那聲響聽去好似在廚房院裡一般他忙忙的掖好了刀來到那月光門裡只聽得哭聲越近竟是在堆柴炭的那一間房裡走到那破窗戶跟前一看只見堆着些柴炭並無人跡看了看那門却是鎖着他便用手扭斷了鎖進去只見挨北墻靠西也有個小門關着靠東柴垛後面合着裝煤的一個大荊條筐上面扣着一口破鐘也有水缸般大小他心裡想道這口鐘放得好蹊蹺因把那破鐘揭起放在一邊再掀開筐一看果見一個人黑魆魆的作一堆兒蹲在那裡喘氣列公你道這人為何在此原來這廟裡和尚作

惡多端平日不公不法的事也不止妄公子這一件就筐子裡這個人也是這日午間來打尖的那和尚把他綑綁在屋裡扣在大筐底下並說不許作聲但要高聲一定要他性命就交給那個禿子合那瘦的和尚換替照應這人在筐裡悶了半日忽聽得外面一陣喧鬧次後却聽不見些聲息連那兩個和尚也不來查看他他一肚氣悶饑餓難當不由的一聲哭喊被這位好事的姑娘聽見就尋聲救苦的搜尋出來那人還只道是和尚來了嚇得不敢作聲女子道你這人不要害怕我是來救你你快些隨我出來到這月色燈光之下我問你個端的說着自已先走進

了廚房那人聽得是個女子聲音纔慢慢的站起來戰兢兢的躡後跟了來那女子正在那裡撥那盞油燈聽他跟了來回頭一看只見他年紀約莫五十餘歲是個鄉下打扮纔待合他說話不想那人奔向前來叫了聲我的孩兒我只道今生不能合你相見原來你還好端端的在此只是你媽媽怎麼不見女子一聽心裡咤異說這是那裡說起因說道你想是悶糊塗了認錯了人那人揉了揉眼睛一看纔曉得是自已認差了慌得他連忙跪下道姑娘是我小老兒眼瞎了姑娘你是何人前來救我女子說你且莫問我你且把你的姓名原故說來那人說這話說來話

長姑娘既承你救了我這條草命怎的領我去見見我那女兒老伴兒纔好女子忙問道你的妻女在那裡那人說那大師傅推推搡搡的把我推出來就鎖我在這裡誰知道他弄到那裡去了女子道嗐既這等我方纔把這廟裡走了個遍怎的不曾見個人來那人聽了又哭起來道天哪這一定是没了命了女子道你且莫哭你耐性在這裡歇歇兒等候不可亂走等我務必給你尋來纔罷那人聽了又磕下頭去卽至起來那女子早一路刀光出去了却說安公子正因女子尋那哭聲不見回來心中在那裡盼望忽然聽得女子進來隔着排插說道姑娘你聽這隔壁

又拌起來了女子側耳凝神的聽了一會那聲音竟是從裡間屋裡來他便進到裡間留神向桌子底下以至牀下看了一番連連的搖頭納悶列公你道他爲何在桌子牀下尋找起來原來外間窮山僻壤有等慣劫客商的黑店合不守淸規的廟宇多有在那臥牀後邊供桌底下設着地窨子或是安着地道往往遇着孤身客人半夜出來劫他的資財不就害人性命甚至關藏婦女在內外省的地平又多是用木板鋪的上面嚴絲合縫蓋上輕易看不出來這些勾當大約一樁也瞞不過這女子就便這能仁寺廟裡的和尚平日怎的不公不法他也略知只是與自己

無干不值得管這閑事及至方纔合那個瘦子秃子兩個和尚交手聽了那一段不三不四的早料定這廟中除了刼財害命定還有些傷天害理的勾當作出來因急切要救安公子且不能兼顧到此如今聽了那個老頭兒的一番話早又動了他一個俠烈心腸定要尋出那母女二人的所在看是個甚麼情由滿屋裡尋了一會不見個踪跡急的怒氣填胸說道今日就上天入地一定要尋着他纔罷說着滿屋裡端相一會看着北面那一槽隔斷安的有些古怪進了那小門一看只見並無一物止一條黑夾道子從那間柴炭房北墻後面直通到兩間厨房的西北墻

向那個門去從那門縫裡便看得見廚房燈光也不像有甚麼原故趕身回來再找只見那屋裡放着的兩個平頂櫃北邊一頂搭着鎖南邊一頂櫃門虛掩順手開了那櫃門見裡面擱着一頂舊僧帽合些茶碗茶盤隨手動用的東西一層塵土像是不大開的光景看完又到北邊那頂櫃子跟前把鎖頭開開一看心中大喜說在這裡了原來這頂櫃子裡面中腰不安抽屜下面也沒榻板那後面的背板一扇到底抹的油光水滑像是常有人出入的樣子那櫃門一開早聽得隔着背板一個人說道我勸你的不是好話張嘴就講罵動手就講打等大師傅回來你哨我

給你告訴不給你告訴告訴了要不了你的小命兒我見不得你又一個道那怕你這禽獸告訴我此時視死如歸那個還要這性命又聽得一個蒼老聲音說道事情到了這裡我們還是好生求他別價破口這女子聽了那裡還按納得住一面把那把刀掖在背後一面伸手就把那框子背板一拍拍的連聲山响只這一拍聽得裡面嘩啷嘩啷的一陣鈴鐺响就有個人接聲兒說來了又聽他一面走着一面嘟囔道我告訴你大師傅可是回來了我看你可再罵罷外邊聽了連連的又拍了兩下又聽得裡面說來了你老人家別忙啊這個夾道子還帶是漆黑也得一

步兒一步兒的慢慢兒的上啊說着那聲音便到了跟前接着聽得扯的那關門的鎖鍊子响又一陣鈴聲那扇背板便從裡邊吱嘍開了那女子對面一看門裡閃出一個中年婦人只見他打半截子黑炭頭也似價的鬢角子擦一層石灰墻也似價的粉臉點一張豬血盆也似價的嘴唇一雙肉胞眼兩道掃帚眉鼻孔撩天包牙外露戴一頭黃塊塊的簪子穿一件元青扣綢的衣裳捲着大寬的桃紅袖子妖氣妖聲怪模怪樣的問了那女子一聲說我只當是我們大師傅呢你是誰呀說着就要關那門那女子探身子輕輕的用指頭把門點住那婦人說你只不叫關

門你到底說明白了你是誰呀那女子道你怎的連我也不認得了我就是我麼那婦人道可一個怎麼你是你呢女子道你不叫我是我難道叫我也是你不成婦人道我不懂得你這繞口令兒啊你只說你做甚麼來了誰叫你來的你怎麼就知道有這個門兒那女子原是個聰明絕頂的他就借着那婦人方纔的話音兒說道我是你們大師傅請我來的你不容我進去我就走婦人道我們大師傅請你來的請你來作甚麼女子道請我來幫着你勸他呀那婦人聽了這纔裂着那大薄片子嘴笑道你瞧大水冲了龍王廟一家人不認得一家人咧那麼着請屋裡坐

他這纔把門開開女子道你先走只見他一面先走口裡說道你瞧大師傅可又找了個人兒勸你來了人家可比我漂亮我看你還不答應女子讓他走後一腳跨進門去只見裡面原來是個夾墻地窨子那門裡一條夾道約莫有二尺來寬從北頭砌就樓梯一般一層層的台堦下去靠西一帶磚墻靠東一層隔斷板子中間方向南頭有個小門從門裡直透出燈光來女子看了先把那扇背板門摘下來立在旁邊纔一步步的下台堦來走到台堦盡處進了那個小門一眼就看見一個十七八歲的女子在裡面他那形容合自巳生的一模一樣倒像照着了鏡子一

般不覺心裡暗驚道奇怪都道是人心不同各如其面怎生有這等相像的定了一定把那地窨子裡週遭一看下面一樣的方磚墁地上面橫着一尺來見方的通連大木大木上擱着一塊一塊的石板料想這石板上便是那間堆柴炭的屋子四圍一看西面板壁門牎南北東三面都是磚牆西北角留個進風出氣的氣眼屋裡正北安一張大牀牀東頭竝上擺着三四個箱子牀西腳底下掛着個帘兒靠西壁又是一張獨睡牀靠東牆南首一架衣裳隔子北首一桌兩机靠南牆一張春橙那女子便坐在那條橙上旁邊坐着個老婆兒想是他的母親那老婆兒也是

個村莊打扮那女孩兒穿一件舊月白宮綢夾襖繫一條青串綢夾裙頭上畧畧的有些釵環下面被裙兒蓋着看不出那脚的大小但見他雖則隨常裝束却是紅顏綠鬢俏麗動人雖是鄉間女兒露着慧性靈心溫柔不俗只是哭得粉光慘淡鬢影蓬鬆低頭坐在那裡垂淚看着好生令人不忍這穿紅的女子看罷走到他跟前平平的道了一個萬福說道這位姑娘一個女孩兒人家旣把身子落在這等地方自然要商量個長法兒事款則圓你且住啼哭休得呩罵這句話還不曾說完只見那穿月白的女子氣的渾身冰涼狠狠的向他面上啐了一口道呸你放屁這

是甚麽所在甚的勾當還有何商量你怎麽叫我不要隨哭叫罵我看你也是人家一個女孩兒你難道就能甘心忍受不成你快快給我閉了那張口再要多言可莫怨我女孩兒家粗魯那老婆兒忙攔道兒啊不要這樣這位姑娘說的是好話那女子又厲聲道甚麼好話他不過與强盜通同一氣我倒可惜他這等一個好模樣兒作這等的無恥不堪的行逕可不辱沒了女孩兒三個字列公這兒女英雄傳已演到第七回了這位穿紅的姑娘的談鋒本領性格兒衆位也都領教過了大約他自出娘胎不曾屈過心服過氣如今被這穿月白的女子這等辱罵有個不

翻臉的麼誰知兒女英雄作事畢竟不同他見了這穿月白的女子這等的貞烈心裡越加敬愛說這纔不枉長的合我一個模樣兒呢隨郎向後退了一步把臉上的唾沫星子擦了擦笑着嘆了一聲道姑娘你受這等的委屈自然該急怒交加我不怪你只是我要請教難道只這等啼哭叫罵會子就沒事了不成你再想想穿月白的女子道還想些甚麼我不過是個死穿紅的女子聽了笑道螻蟻尚且歎生怎麼輕輕兒的就說個死字穿月白的女子道我不像你這等怕死貪生甘心卑污苟賤給那惡僧去使喚的還有臉說來勸我那個村潑的女人見她一句一罵

看不過了拿着根潮烟袋指着那穿月白的女子説道格
格兒你可別拿着合我的那一銃子性兒合人家鬧你瞧
瞧人家脊梁上可掖着把大刀呢那穿月白的女子道那
怕他一把刀就是劍樹刀山我也不怕穿紅的女子正要
打疊起無限的低情屈意安慰那穿月白的女子又被這
討厭的婦人一岔他便回頭喝道這又與你何干要你來
多嘴那婦人道一個人鼻子底下長着嘴誰還管着誰不
准説話嗎穿紅的女子道就是我管着你不准説話説着
就回手身後摸那把刀那婦人見這樣子便有些發毛一
扭頭道不説就不説你打諒我愛説話呢我留着話還打

點閻王爺呢那女子纔轉身來向着那老婆兒道老人家我看你這令愛姑娘一團的烈性萬種的傷心此時就有甚麽樣的話大約也合他說不進去老人家你問他一聲我們且離了這個地方外面見見天光可好不好老婆兒聽了向他女兒道聽見了兒啊這位姑娘敢是好意那穿月白的女子道甚麽地方我不敢去就走看他又把我怎的說着站起來就走那個婦人見了扯住他道你站住人家大師傅叫我在這兒勸你可沒說准你出這個門兒你那兒走呢守着錢糧兒過啵你又走囉那穿紅的女子聽了拔下那把刀來用刀背把他的胳膊一攔向那母女二

人道你娘兒兩個只顧迸那母女兒了也有些害怕只得就迸那穿紅的女子用刀指着那婦人道你也出去那婦人道又要我作甚麽呀口裡只顧說他却連忙拿了他的烟袋潮煙火紙跟了出來那穿紅的女子也隨即拿了燈緊跟着出了那地窨子門他恐怕那婦人到西間去看見安公子又得費一番唇舌便站在當門讓那母女二人在那張木床上坐下說道姑娘少坐等我請個人來給你見見說着便拉了那婦人脚不沾地的進了北邊那隔斷門正不知他那裡去了那穿月白的女子納悶道這個人來的好生作怪方纔我乍聽了那混賬女人的話只道他果

然是和尚找來勸我的及至我那等拒絶他他不着一些惱還是和容悦色宛轉着説看他竟是一片柔腸一團俠氣怎的此時又把那混賬東西拉了去難道是又去請那個和尚去了不成果然如此好叫人不得明白那老婆兒也是獃獃的發悶正盼望只見那女子同了那婦人拿着個火亮兒從夾道子裏領了一個人來望着他母女説道你娘兒們且見見這個人再講那穿月白的女子抬頭一看那裡是和尚原來是他父親他父女夫妻一見呀的一聲就攜手大哭起來那老頭兒道兒啊千虧萬虧虧了這位姑娘救了我的性命不然此時早已嚇死了那穿月白

的女子此時纔知那穿紅的女子全是一片屈巳救人之心正要下拜只聽他說道你們且不必繁文大家坐好了把你們的一往情由說明我自有個道理他父女夫妻就在木牀上坐下穿紅的女子便在靠窗戶杌子上坐下那婦人也要挨着他坐他喝聲道你另找地方坐去那婦人道這可是新樣兒的游僧攆住持我們的屋子我倒沒了座兒了說着蹲下在那櫃子底下掏出一個小板凳兒來塞在屁股底下坐了一聲兒不言語噗哧噗哧只吃他的潮烟亂過了這一陣那老頭兒纔望着穿紅的女子說道姑娘我小老兒姓張名叫張樂世鄉親叫順了嘴都叫我

張老道我是河南彰德府人在東關外落鄉居住無兒兩個兄弟張樂天是學裡的秀才去年沒了剩了我一個人同了我這老伴兒帶着女兒過日子我這女兒叫作張金鳳今年十八歲了從小兒他叔叔教他念書認字甚麼書兒都念過甚麼字兒都認得學得能寫會算又是一把的好活計我這老婆子是京東人他有個哥哥在京東村人作買賣要講我家還算有碗粥喝只因我們河南一連三年旱澇不收慌亂的了不得這些鄉親不是這家借一斗高粱就是那家要幾升豆子我那裡供給得起說聲沒有他們就講強奪硬搶我合老婆兒就這個地方兒可住不

住了我們商量着把幾間房幾畝地典給村裡的大戶又把傢傢伙伙的折變了一共得了百十兩銀子套上家裡的大車帶上娘兒兩個想着到京東去投奔親戚找個小買賣作不想今早走岔了路走到這條背道上來走了半日肚子裡餓了没處打尖見這廟門上掛着個飯幌子就在這裡歇下這廟裡的師傅們把我們讓到這禪堂來吃了他一頓素飯臨走我拿了兩掛兒東錢合六百六十六個京錢給他他家當家的大和尚擺手說一頓飯也值得收你的錢找化你個善緣罷我說我一個鄉老兒你可化我個甚麼呢他說不化你東不化你西只化你盤頭大閨

女我說這地方兒我那裡給你買木魚子去呢他就指着女兒說道你這不是現成的一個盤頭大閨女麽女兒聽了站起來就走我們兩口兒也搶白了他幾句待要出門那大師傅就攵着門不叫我們走這大嫂也不知從那裡來把他娘兒兩個拉住那大師傅就把我推推搡搡推到那間柴炭房裡去叩在大筐底下往後的事情我就不知道了說着向他老婆兒道後來是怎的你告訴這位姑娘那老婆兒哭眼抹淚的說道我彌陀佛說也不當家花拉的這位大嫂一拉就把我們拉在那地窨子裡落後那大師傅也來了要把我們留下說了半日女兒只是給頭撞

腦要尋死也是這位大嫂說着讓那大師出去等他慢慢的勸我女兒姑娘你想想這件事可怎麽點得頭呢正鬧得難解難分姑娘你就進來了那穿紅的女子道且住你們是甚麽時候進去的那和尚是甚麽時候出來的你這令愛姑娘可曾受他的作踐那婦人道月亮爺照着腦膈眼子呢人家大師傅甜言蜜語兒哄着他還沒說上三句話他就把人家抓了個稀爛還作踐他呢說得他那麽軟餑餑兒似的那穿紅的女子也不理他只見那老婆兒連連搖手說受他甚麽作踐倒沒有價那穿紅的女子點了點頭兒說這話我都明白了既然如此少時我見了那大

師傅央及央及他叫他放你一家兒逃生如何那張金鳳只是低頭垂淚那老兩口兒聽了連連的作揖下拜說道果然如此我們來生來世就變個驢變個馬報姑娘的好處再不我們就給你吃一輩子的長齋都使得那穿紅的女子說這話言重纔回頭要向那婦人搭話只聽他自巳在那裡咕囔道放啊我們還留着祭竈呢那穿紅的女子見他這等的語言無味面目可憎那怒氣已是按納不住無奈得問問他的來歷只得冷笑了一聲向他道就讓你說你把你是怎樣一樁事情也說來我聽聽那婦人道我還說話嗎我只打量你們把我當啞吧賣了呢說着又伸

着脖子抽了兩口潮烟磕了烟袋滅了火紙他纔站起來滿地張牙舞爪的說道說這不當着他們倆老的兒麽你也不是外人我討個大說偺們姐兒們今兒碰在一塊兒算有緣那穿紅的女子說你站住别合我論姐兒們我是我他是他你是你那婦人道親香點兒倒不好我今兒怎麼碰見你們姐兒們都是這麼橛巴棍子似的呢那穿紅的女子攔他說道你說罷别累贅他纔接着說道我賤姓王呸我們死鬼當家兒的他們哥兒八個我們當家兒的是第老的人家都知道掙錢養家獨他好吃懶做喝酒耍錢永遠不知道顧顧我我全仗着人家大師傅一個月貼

補個三吊五吊的趕他死了我說這還守個甚麽勁兒呢我可就跟了這廟裡的大師傅來了要提起人家大師傅來咸好咧眞別辜負了人家的心你們瞧我這腦袋上都是鍍金的這件衣裳是買了整疋的花兒洋縐現裁的我這褲子汗塌兒都是綢子的總說了罷䏻萬道絲兒把我裹着呢吃的更不用講了天天的肥雞大鴨子你想偺們配麽那女子說道別偺們你婦人道哦就是我我到了這廟裡沒半年人家大師傅花的那錢打我這麽個銀人兒都打出來了就是一樣兒活重些兒那女子問道你這樣好吃好穿還有甚麽重活叫你作呀婦人道你不知道我

們這廟裡爺兒五六個呢大師傅是倆當家的二師傅是個帶髮兒修行好本事頑寶着的哪還有個小大師傅小二師傅小大師傅打的一都的好拳小二師傅是個掃腦兒也不搊還有個三兒你等回來大師傅來了你都見的着的他們爺兒五呲洗洗汕汕縫縫連連都得我一個人兒張羅的過來嗎可巧今兒個早起他們娘兒們來了我們大師傅就要把他們留下我樂得甚麽似的誰知大師傅那們耐着煩兒俯給他他還不願意人家拿出來的大紅綢子他也不要還有五兩的中錠整個兒的大元寶他也不要末後大師傅翻箱倒籠找出小拇指頭兒壯的

一支眞金鐲子來想着要給他帶在手上呢他伸手咣嚓的一下子把人家的脖子抓了個長血直流的你瞧他歹毒不歹毒那女子問道這之後便怎麽樣呢那婦人道怎麽樣人家大師傅拔出刀來就要殺他呀你打量怎麽着我好容易救月兒似的纔攔住了我說人生面不熟的別忙你老等我勸勸他誰知越勸倒把他勸翻了張口娼婦閉口蹄子說着又對那穿月白的女子道你瞧娼婦頭上戴這個身上也穿這個你怎麽說呢那穿紅的女子問他道這等說你還不會勸動他少停你們大師傅回來你怎麽對他呢那婦人笑嘻嘻的道你聽啊如今不是我們大

師傅找了你來了麽我瞧你這嘴來久得你勸他他没個不答應的你瞞我們廟裡他們爺兒五哇除了二師傅他是在外頭跑海走黑道兒的三兒小呢可巧剩他爺們三個偺們姐兒三個偺們鬧個劉海兒的金蟾盤香爐各抱一條腿兒你瞧這高不高那穿紅的女子水就一腔子的忿氣聽這婦人說的這等無耻不堪那裡還忍耐得住只見他一言不發回手拔出那把刀來刀背向地刀刃朝天從那婦人的下巴底下往上一掠喇一聲早變了個血臉的人不曾聽他一聲兒咕咚往後便倒這一倒但見個東西翻在半空裡從半空打了一個滾兒爬摔在地下大家

一看原來把那婦人的前臉子削下來了落在平地還是五官亂動那穿紅的女子不禁持刀大笑說這個東西怪不得他如此不堪無恥原來他帶着個鬼臉兒呢那老兩口兒見了嚇得體似篩糠的道姑娘你咱的把他殺了可不嚇煞了人倒是那張金鳳一見十分爽快說道殺得好這等禽獸一般的人留他在世上何用那老兩口兒道兒啊你那裡知道他是那大師傅的心上人他回來見殺了他的人你我都是沒命的了這越發不好了那穿紅的女子笑道我有你們說來說去不過是怕那個大師傅你們跟我見見那大師傅去那張金鳳聽見要見和尚去他便

有些不愿意穿紅的女子笑道方纔我聽你刀山㘎劍樹㘎死呀活呀的倒像傻冲打的似的怎麽此刻宗了本事了不妨跟我來說着拉了他的手就走那老倆口兒也只得跟出來及至出了房門一看只見那月光之下滿院橫倒豎卧七長八短的一地死和尚把個老婆兒嚇得跌了一跤幸喜牕戶擋住不曾跌倒老頭兒嚇得閉口無言那張金鳳怔了一會說道呀如今世上那有這等的一個出衆英雄來作這等的驚人事業那穿紅的女子聽了他這話酒窩兒一動蛾眉兒一挑用兩個指頭指着鼻子笑着說道不敢欺就是我當下姑娘臉上的那番得意漫說出

將入相八座三台大約立刻叫他登基坐殿成佛昇天他也不換閑話休提却說他把話說完便把那父女夫妻三人讓進房來自巳重新進屋裡一刀把那婦人的鬼臉兒扎起來往院子一丢又把那尸首提起來也向那西墻角一扔說聲跟了你大師傅去罷那張金鳳看了定了會神這纔大悟轉來說哦我曉得了你那裡是甚麼勸我竟是來救我一家兒的性命的一位恩深義重的姐姐姐姐請上受我全家一拜連那老兩口兒也跪在埃塵拜個不住忙得那穿紅的女子說阿呀呀你二位老人家快快請起不可折了我的壽數他老兩口兒起來那女子又去扶張

金鳳那張金鳳跪着不肯起來說道請問姐姐姓甚名誰家鄉何處住在那裡怎的就曉得我在此地遭這場大難前來搭救望姐姐說個明白我張金鳳生必啣環死當結草那穿紅的女子說道這話纔料作說也話長說着便把張樂世張老頭兒讓在堂屋西邊春橙上張老婆兒母女二人讓在東邊春橙上他自巳却在北面靠棹上首杌子上坐下把那把刀放在棹兒裡邊靠墻大家這纔側耳凝神聽他說他的來歷只見他滿臉堆歡不慌不忙未從開口先將身子往西一探向那西間的南炕叫了一聲安公子這正是人生第一開心事辛苦功成閑話時要知那姑

娘說出些甚麽言詞下囘書交代

兒女英雄傳評話第七囘終

兒女英雄傳評話第八回

十三妹故露尾藏頭　一雙人偏尋根見究

這回書說書的先有個交代列公你看書中說的不知姓名的這個穿紅的女子不過是個過路兒的人遇見樁不相干兒的事得了騾夫的一句話救了安公子聽得喪老頭兒的一聲哭救了張金鳳便救了他兩家的性命殺了一晚講了萬言講得來滿口生烟殺得來渾身是汗被那張金鳳駡得眼淚往肚子裡咽被那王八的奶奶兒嚼得肝火往頂門上攻直到此時方喘轉這口氣來纔落得張金鳳明白他是片俠氣柔腸那排插後面還寄放着一個

說然說不清的安公子還得合他費無限的唇舌才一個對門女子這叫作不安本分無故多事要講他這副胸襟這番舉動就讓是個血性男子也作不來替他細想去,他是沽名還是圖利難道誰求他作的還是誰派他作的不成總不過一個不忍人之心纔動得了這片兒女心腸英雄肝膽只是天地雖大苦人甚多那裡找的着許多的紫紅女子來閑言少敘卻說這位姑娘見張金鳳問他的姓名來歷欲待不說不但打不破張金鳳這個疑團就連安公子直到此時也還不得知他是怎樣一個人怎生一番事情此刻先對張金鳳講一番回來又向安公子說一遍又恐聽背的道是連累故此他未曾開口先向西間排插後面叫了聲安公子這個當兒張老夫妻兩個因方纔險些兒性命不保此時忽然的骨肉團圓驚喜交加匆忙裡並不曾聽得那姑娘叫安公子三個字張金鳳聽得明白心裡詫異道這裡怎生的有個甚麼安公子況且我看這人也是個黃花女兒豈有遠路深更合位公子同行之理就說是他的至親兄弟也該有個稱呼怎的稱作公子還稱起他的姓來此事好不明白且不言張金鳳在那裡納悶却說安公子在排插後面炕裡邊守着那個黃包袱聽得東間忽而殺了一個人忽而救了一個人哭一陣笑

一陣罵一陣拜一陣聽得呆了那位姑娘叫了他一聲他直不曾聽見姑娘見他不答應又連叫道安公子睡着了他這纔聽得連忙的答應了一聲嘸說不曾睡姑娘說既沒睡下炕來有話合你說只聽他又應了一聲只是止聽得八聲兒不見個人影兒那姑娘急了又催他說怎麽着只聽他作難道這怎麽樣個下炕法呢姑娘道怎麽又會下不來炕了呢聽他道一身的鈕襻子被那和尚撕了個稀爛敞胸開懷赤身露體走到人前成何體面姑娘道這又奇了你方纔不是這個樣兒見的我麽難道我不是個人乎哉又聽他慢條斯理的說道呵呵非也非也方纔

是性命吸呼之間何暇及此如今旣患退身安哪我是寧可失儀不肯錯步姑娘聽了說道我的少爺你可酸死我了這麼着我給你出個主意你把那帶子解開衣裳一件一件的掩上繫上帶子套上你那件馬褂兒大約也就不至於赤身露體了罷只聽他道有理有理緊接着就像是在那裡整理衣裳帶子遲了一會依然不見下來但聽他咳了一聲說了不得了這更下不去了姑娘問說這又是個甚麼緣故呢只這一句再也聽不見他答應此時把個姑娘慪的冒火合他嚷道是怎麼下不來你倒底說呀還他甚麼爲難的事你自說我有主意他又俄延了半晌纔

低聲慢語的說道我溺了姑娘一聽心裡說道這是怎麽說呢我這裡又不曾衝鋒打仗又不曾放礮開山不過是我用刀砍了幾個不成材的和尚何至於就把他嚇的溺了呢這姑娘心裡只管是這等想但是他已經溺了還是怎樣的大本領可怎麽替他出這個主意呢想了半日無法只好作硬文章了說你就溺了也得下炕來不想這句話一逼入急智生又逼出他一個見識來了他見那姑娘催得緊急便蹲在那排插的旮落裡把褲子搵乾拉扯襯衣裳的袷襖來擦了擦手跳下炕來纔一下炕又朝着那女菩薩跪下了那姑娘大馬金刀的坐在上面把眉一綳

說你怎麼這麼俗啊起來列公話下且慢講那位姑娘的話百忙裡先把安公子合張金鳳的情形交代明白在安公子是個尊重誠實少年此時只望那穿紅的姑娘說明來歷商個辦法早早的上路去見他父母兩隻眼並不留照到張金鳳身上在張金鳳此時幸爾保得自己的身子父母的性命只知感激依戀那位穿紅的姑娘一條心更送不到安公子身上但是從炕上跳下那樣大一個人來再沒說看不見的況且他雖說是個鄉村女子外而生得一副月貌花容心裡藏着一副蘭心蕙性他平日見的止不過是些俗子村夫今日萍水相逢忽然見這等一個斯

文一派的少年公子自然不覺得眼光一閃又見那公子跪在地下把他羞得面起紅雲抬身往裡間就走那穿紅的姑娘一把拉住說不許跑跟姐姐這裡坐着便把他拉在自巳身後坐下這纔向安公子道我們方纔作的這樁事說的這段話你都聽明白了不曾安子道聽明白了姑娘說如此狠好免得我重敘因指着張老夫妻二位向他道你着這二位老人家可是一介平民你可是個貴家公子他們就不應同你一處坐何况叫你同他敘禮但是聖人說的素患難行乎患難如今大家都在患難之中這可講不得你的門第過去見個禮兒安公子此時的感激結

娘佩服姑娘直同天人一様假如姑娘說日頭從西出來他都信得及豈有個不講遵台命的忙答應了一聲一拌積伶兒把作揖也忘了左右開弓的請了倆安張老實慌得搶過來跪下說公子你折煞我小老兒了那老婆兒也是拉着兩隻袖子拜呀拜的拜個不住口裡說道我彌陀佛不當家花拉的公子見禮罷那姑娘又指張金鳳向他道這裡還有個人兒呢這是我妹子也見個禮兒又攙着說別講安了作揖罷安公子轉過身來恭恭敬敬的作了一個揖那張金鳳也羞答答的還了一個萬福那姑娘先向張老說道老人家勞動你先把這一棹子的酒菜傢伙

撿開擦乾淨了棹子大家好説話張老應了一聲便一件件的搬出門去堆在廊下安公子此時經了那姑娘的這番琢磨臉兒也闖老了膽子也闖大了也來幫着張老搬運他一眼看見了那把酒壺就發起恨來道咦這就是方纔那賊禿灌我的那毒藥酒待我來説着提了那把酒壺站在簷下向那和尚跟前一扔説如今我也囘敬你一盃姑娘説這還要怎麽没來由一時張老擦淨了棹子那姑娘便把張老同公子讓在西首春橙張老婆兒讓在東首春橙坐下他纔囘頭向張金鳳道妹子你方纔問我的姓名家鄉住處還説怎的就曉得你在這裡遭這塲大難前

來搭救不是這話嗎我是個不通世路隱姓埋名的人況且你我如浮萍暫聚少一時伯勞東去雁西飛我這賤名賤姓竟不消提起至於我的家鄉離此甚遠卽便說出個地名兒來你們也不知道方向兒也不必講到話下要問我的住處說來却離此不遠也不過在四五十里之外却是個上不在天下不着地的地方兒安公子聽了說這等難道姑娘你在雲端裡住不成姑娘答道差也不多公子說那有個在雲端裡住的理呢那姑娘也不合他分辨接着又向張金鳳道妹子你想我在五十里地的那邊你在五十里地的這邊我就不知道這府這縣這山這廟有你

這等一個人怎的知道今年今月今日今時有你遭難的這樁事會前來搭救呢張金鳳道既這等姐姐因何到此那姑娘道我這個人雖是個多事的人但事凡那下坡走馬順風使船以至買好名兒戴高帽兒的那些營生我都不會作我今日可是爲救一個人來了却不是救你說着把臉一沉手一指指着安公子道我可是特來救安公子你來了不知你知道不知道明白不明白安公子聽了連忙站起來道姑娘人非草木方纔我安驥只爲自己沒眼力沒見識誤信人言以致自投羅網被那和尚綁上要取我的心肝那時我的生死關頭不過只爭一線若不虧姑

娘前來搭救倘有十個安驥只怕此時也到無何有之鄉了此恩終身難報怎說得個不知只是我知道姑娘前來救我却不知姑娘因何前來救我更不得知姑娘因何一直趕到此地來救我還求你說個明白再求你留下姓名待我安驥稟過父母先給你寫個長生祿位牌兒香花供養你的救命深恩再容圖報那姑娘道幸而你明白是我救你不然大約你有三條命也沒了你那圖報不圖報的話不必提我的姓名你不必問必要問我就揑個假名姓告訴你何妨那張金鳳說道姐姐不是如此便是妹子這裡也一定要請問姐姐個姓名就便是姐姐施恩不望報

也得給我們這受恩的留些地步纔好姐姐要不說妹妹只得又跪下了那姑娘連忙一把拉住說快休這樣我縱然不說姓名自然也得說明來歷不然叫你們大家看着我這個樣兒還是平妖傳的胡永兒還是鎖雲囊的梅花娘還真個的照方纔那秃驢嘹說的我是個女魁斗呢我的姓名雖然可以不談有等知道我的認識我的都稱我作十三妹你們大家都叫我十三妹就是了大家聽了都稱了聲十三妹姑娘這個地方兒要護安公子積伶了他聽了這話想了一想道姑娘你這稱呼是九十的十字還是金石的石字十三妹道這隨你算那個字都使得只見

他不容再問便長吁了口氣眼圈兒一紅說道你們要知我的來歷我也是個好人家的兒女我父親也作過朝廷的二品大員張金鳳聽了忙站起來福了一福道原來是位千金小姐妹子不知方纔多多得罪那姑娘笑道你這話更可不必你我不幸托生個女孩兒不能在世界上烈烈轟轟作番事業也得有個人味兒有個人味兒就是乞婆丐婦也是天人沒些人味兒讓他紫誥金閨也同狗彘小姐又怎樣大姐又怎樣還說句笑話兒你也見過一個千金小姐合強盜撒對兒的麼那張老道甚麼話那說起說古的菩薩降妖捉怪的多着呢安公子接着問道姑娘

既是位大家閨秀怎生來得到此十三妹道你聽我說我父親曾任副將只因遇着了個對頭這對頭是個天大地大無大不大的一個大腳色正是我父親的上司說到這裡咽住把臉一紅又說道却又因我身上的事得罪了那廝他就尋個縫子參了一本將我父親革職拿問下在監裡父親一氣身亡那時要仗我這把刀這張彈弓子不是取不了那賊子的首級要不了那賊子的性命但是使不得甚麼原故呢一則他是朝廷重臣國家正在用他建功立業的時候不可因我一人私仇壞國家的大事二則我父親的冤枉我的本領闔省官員皆知設若此作出事來

來簇簇新的冤冤相報大家未必不疑心到我縱然奈何我不得我使父親九泉之下被一個不美之名我斷不肯三則我上有老母下無弟兄父親既死就使我一人奉養老母萬一機迣不密我有個短長母親無人養贍因此上忍了這口惡氣又恐那賊子還放我孀母孤女不下我叫我的乳母丫鬟身穿重孝扮作我母女模樣扶柩還鄉我自已却奉了母親避到此地五十里地開外的一個窵方投奔一家英雄這家英雄現年八十餘歲眞算得個不識詩書的聖賢不怕勢利的豪杰不想到了那裡正遇着他遭了樁不得意事情幾乎把前半世的英名斷送是我拔

刀相助不但保全了他的英名還給他掙過一口大氣來他便情願破業傾家要把我母女請到他家奉養只是我這人與世人性情不同恰恰的是曹操一個反面曹操曾說寧使我負天下人不使天下人負我我却是只願天下人受我的好處不願我受天下人的好處當下只收了他一匹驢兒此外不曾受他一絲一粒只叫他在這上不在天下不着地的地方給我結了幾間茅屋我同老母居住又承他的推情那裡村中衆人的仗義每日倒有三五個村莊婦女輪流服侍老人家頗不寂寞我纔得騰出這條身子來弄幾文錢供給老母的衣食只是我一個女孩兒

家除了針黹女工那是我生財之道說來不怕你大家笑話我活了十九歲不知橫針豎線你就叫我釘個鈕襻子我不知從那頭兒釘起我只得靠着這把刀這張彈弓尋趁些沒主兒的銀錢用度那安公子聽到這裡問道姑娘世間那有個沒主兒的銀錢姑娘道你是個紈袴膏粱這也無怪你不知聽我告訴你即如你這囊中的銀錢是自己折便了產業去救你的令尊交國家的官項這便是有主兒的錢再如那清官能吏勤儉自奉賸些廉俸那買賣經商辛苦販運賸些資財那莊農人家耕種刨鋤賸些衣食也叫作有主兒的錢此外有等貪官污吏不顧官聲不

惜民命腰纏一滿十萬八萬的飽載而歸又有等劣幕豪奴主人賺朝廷的他便賺主人的及至主人一敗他就遠走高飛捲囊而去還有等刁民惡棍結交官府盤剝鄉愚杖着銀錢霸道橫行無惡不作這等錢都叫作沒主兒錢凡是這等我都要用他幾文不但不領他的情還不愁他不雙手奉送這句話要說白了就叫作女强盜了公子說姑娘言重據這等聽起來雖那崑崙古押衙公孫大娘線娘等輩皆不足道也强盜云乎哉强盜云乎哉姑娘忙攔他道算了夠酸的了那張金鳳接着問道我看姐姐這等細條條的個身子這等嬌娜娜的個模樣兒兒又是宦

人家的千金怎生有這般的本領倒要請教那姑娘道這也有個原故我家原是歷代書香我自幼也曾讀書識字自從我祖父手裡就了武職便講究些兵法陣圖練習各般武備因此我父親得了家學眞傳那時我在旁見了這些東西便無般的不愛我父親膝下無兒就把我當個男孩兒教養見我性情合這事相近閒來也指點我些刀法鎗法久之就漸漸曉得了些道理及至看了那各種兵書纔知不但技藝可以練得精就是膂力也可以練得到若論十八般兵器我都算拿得起來只這刀法鎗法彈弓袖箭拳腳卻是老人家口傳心授又得那位老英雄贈我的

這頭驢兒這驢兒日行五百里但遇着歹人或者異怪物事他便咆哮不止真真是個神物因此任我所爲就把個紅粉的家風作成個綠林的變相這便是我的來歷我可不是上山學藝跟着離山老母學來的張金鳳也嫣然一笑張老夫妻在旁聽了只是點頭咂嘴安公子說道方纔我看那些和尚都來得不弱那個陀頭尤其凶横異常怎的姑娘你輕描淡寫的就斷送了他今聽如此說來原來家學淵源正所謂惟大英雄能本色是眞名士自風流了十三妹道你先慢講這些閑話如今我的話是說完了要請教你們你我在悦來店怎的個遇見怎的個情由他三

位無從聽得也與他三位無干此時不必曉舌只是我臨别的時節那等的囑咐你千萬等我回來見面在走你到底不候着我回店索性等不到明日倉猝而行這怎麼講這也罷了只是你又怎的會走到這廟裡來倒要請教、安公子聽了這話慚惶滿面說道姑娘你問到這裡我安驥誠惶誠恐愧悔無地如今眞人面前講不得假話我在店裡聽了姑娘你那番話始終半信半疑原想等請了褚一官來見了他再作道理不想那去請褚一官的騾夫還不曾回來那店主人便來說了許多的混賬話我益發怕將起來正說着兩個騾夫同來又備說那褚一官不能前來講我今晚就在他家去住的話那騾夫店家又兩下裡一齊作旁攛掇是我一時慌亂就匆匆而走不想將上那座高嶺又出岔事連那不通人性的啞吧畜生也欺負起人來忽然的一驚就跑到此地要不虧兩個騾夫沿途保護他還不知跑到那裡纔止偏偏的又投了這凶僧的一座惡廟正所謂飛蛾投火自取焚身姑娘我死不足惜只是我讀書一場不得報父母的大恩倒誤了父母的大事已經十死莫贖了如今幸而不死又把姑娘你一片俠腸埋沒得曖昧不明我安龍媒眞眞的媿悔無地十三妹道你不曉得後悔我索性叫你大悔一悔你不但不會認清

我這番好意你連那騾子的好意都辜負了聽我告訴你你方纔口口聲聲駡的那個欺負你的畜生正是你的救命恩人你心心念念感激的那兩個騾夫倒是你的勾魂使者安公子聽了吃驚道姑娘你此話怎講那張老夫妻二人合張金鳳聽了這話更摸不着頭腦只聽姑娘望着大家說道今日這場是非也料作合當有事我今日因母親的薪水不繼偶然出來走走不想走到岔道口的山前過見兩個人在那裡說話我騎着驢兒從旁經過只聽得一個道咱們有本事硬把他被套裡的那二三千銀子搬運過來還不領他的情呢我聽了這話一想這豈不是一

椿現成的事與其等他搬運我何不搬運來用用因把牲口一帶遶到山後要聽聽這椿事的方向來歷安公子便問道究竟是兩個甚麼人呢十三妹笑道好叫你得知就是你感激不盡的那兩個騾夫說着便把他怎的抱怨怎的商量怎的說不到二十八棵紅柳樹送信回來怎的賺安公子出店上路怎的到黑風崗要把他推落山澗拐了銀子逃走的話說了一遍又把自己如何借搬弄那塊石頭搭話纔得說明臨別又如何諄諄的囑咐安公子不可輕易動身他到底懷疑不信以致遭此大難向張金鳳併張老夫妻訴了一番張金鳳這纔得明白這姑娘的始末

根由就連安公子也是此時纔知夢方醒只聽他說道姑娘我安龍媒枉讀詩書在你覆載包羅之下全然不解如今看了你這番雄心俠氣竟激動我的性兒了我竟要借你這把剛刀一用說着伸手就拿那刀十三妹一把按住問他道你這又作甚麽這個東西可不是頑兒的一個不留神把手指頭拉個挺大的大口子生疼要流血的你嬤嬤爹又沒在跟前誰給你吹呀只見他滿臉通紅說道這也顧不及許多了姑娘你務必借我一用十三妹說你要作甚麽罷安公子道我要尋着那兩個騾夫把這大膽的狗男女碎尸萬段消我胸中之恨十三妹道這樁事不勞

費心方纔那位大師傅不曾取你的心肝的時候二師傅已就把他兩個的心肝取了去了你若不信給你件憑據看看說着向懷裡掏出那封信來遞給公子安公子一看果然是交騾夫送去的那封信連說道有天理呀有天理十三妹說少爺你別慪我了我還有許多話要講呢安公子這纔歸坐只見那十三妹指着他向張老夫妻並張金鳳道你們三位可別打量這位安公子合我是親是故我合他也是水米無交今日纔見然則一個萍水相逢的人我因何替他出這樣的死力呢我本來的意思原是得了那騾夫口裡一個信息要擎這注現成銀子及至訪着安

公子見他那番光景知他是個正人問起情由又知他是個孝子我心裡先暗暗的欽敬便不肯動手後來聽到他令尊的那番委屈又與我父親所遭的寃枉大略相同因此我從那任俠尚義之中又動了個同病相憐之念便想救他這場大難說着回頭又向安公子道俗語說的救火須救滅救人須救徹我明明聽得那騾夫說不肯給你送這封信去請褚一官況且那褚一官我也畧曉得些消息便去請他他三五天裡也來不了到了他的娘子你就等到一百年也未必來的了就讓你在悅來店呆等不致遭騾夫的毒手你又怎生的到得淮安所以我纔出去走那

一邊要把事情替你佈置得周全停妥好叫你上路趲程早早的圖一個父子團圓人財無恙不想我把事情弄妥了趕回店來你倒躲了我問問店家他合我言語支離推說不知去向及至問道他無話可支了他纔說是兩個騾夫講你到褚家住歇去了我一聽這事不好了他兩個既不會到褚家去褚家這話從何而來可不是他賺你上黑風崗去是那裡去這豈不是我不會提你出火坑來反沉你到海底去了麽我十三妹這塲孽可也造得不淺我就撥轉頭來順着黑風崗這條路趕了下來纔上得黑風崗的山坡月光之下只見一個牲口脖子上拴的鈴鐺合一

個托帽子扔在路旁我只說這一定是走這條路無疑了不想前行了幾步轉尋不出那牲口的脚踪兒來眼前一片荒草倒像人跡不到的一般一直尋到崗子頂上越不見個影兒那月色照得如同白晝我便探身往山澗下一望也不得些情形只得順着牲口的脚踪找了回來見那牲口脚踪兒踹的散亂直奔了這廟裡來至於這座廟裡和尚的行徑我早已曉得我一想這事尤其不妙了便算你幸而不曾遭那騾夫的暗算依然脫不了强盜的明刼邊不是一樣我就一口氣趕到廟前還不會見個端的我那個驢兒先不住的打鼻兒不肯往前走我看了看廟門

丈高得鐵桶相似我便下了牲口拴在樹上一縱身上了山門望廟裏一望只見正殿院落漆黑只有那東西兩院看得見燈火我就蹲身跳將下來只是我雖會蹲縱我那驢兒可不會蹲縱我便悄悄的開了左邊角門把牲口拉進來見那東配殿裏堆着些糧食就先把牲口寄頓在那屋裏然後出來縱上房去且住列公聽說書的打個岔你聽這姑娘的話就怪不得他方纔把廟裏走了個遍就是不曾到東配殿還原來他進廟來就偷偷兒的進去寄頓了一回驢兒了你我不知閑話休提言歸正傳再講那十三妹說道及至我上了房隱在山脊後一看正見那凶僧

手執尖刀合公子你說那段話彼時我要跳下去誠恐一個措手不及那和尚先下手傷了你的性命因此暗中遠放了兩個彈子結果了兩個僧人至於後來的那班禿厮都是經公子你眼見的我原無心要他的性命怎奈他一個個自來送死也是他們惡貫滿盈莫如叫他早把這口氣還了太空早變個披毛戴角的畜生倒也是法門的方便再說假如那時要留他一個你未必不再受累又費一番唇舌精神所以纔斬草除根不會留得一個安公子如今你大約該信得及我不是為打算你這幾兩銀子而來了罷說到這裡回頭又向着張金鳳叫了聲妹子你聽我

這話可是我特來救安公子不是特來救一家性命這就不消再講了此時安公子被十三妹一番言語問得閉口無言只有垂淚半晌嘆了一口氣道姑娘我安龍媒真是百口無詞只是姑娘你也有一些兒欠通之處十三妹聽了說道怎麽說了半天我到有了不是了呢你倒說說我倒聽聽安公子說姑娘你若在店裡就把那騾夫要謀我資財害我性命的話直捷了當的告訴了我我豈不省了你一番大事十三妹聽了這話倒不禁笑起來說這話我一點兒不欠通倒底是你作夢呢假如你是個老鍊深沉有膽有識的人我說了這話你自然就用些機關加些防範

你只看我那等的剖白囑咐你還自尋苦惱弄到這步田地那時再告訴你這話不知又該嚇成怎的個模樣甚而至於益發疑我倒誤把那個狠心狗肺的東西當作好人合他訴起衷腸來可不更悞了大事了麽安公子聽了連連拍腿點頭說不錯的不錯的姑娘你如今就說我酸也罷俗也罷我安龍媒對了你這樣的天人只有五體投地了說着又拜了下去那十三妹把身子閃在一旁也不來拉也不還拜只說了一句這倒不敢當此大禮張老也連忙站起來道我小老兒倒有一句拙笨話也不用講這個那個只我們兩家六條性命都是姑娘你救的安公子他

爲官作宦怎麽樣也報了恩了只是我們兩口兒是一對老朽無用的鄉老兒女兒又是個女孩兒家你這樣大恩令生今世怎生答報的了那老婆兒也在一旁說噯眞話的十三妹把手一擺說老人家快休如此說要說你兩家性命不是我十三妹救的這話也是欺人只是我方纔說過的安公子還得感激那頭騾子我這妹妹還得感激那個沒臉的女人這話怎麽講呢要不虧那個騾子忽然一跑安公子早已上了山崗被那騾夫推落山澗我便來救也是遲了我這妹子要不虧那沒臉的女人從中多事早已遭那凶僧作踐我便來救也是晚了難道這果眞是一

個兩條腿的畜生一個四條腿的畜生作得來的不成這是個天難道誰又看見天那裡怎的個支使誰又聽見天怎的個吩咐的不成這便是你二人一個孝心一個節烈所感天纔牽引了我來正不是一樁偶然的事如今安公子的性命保住了資財保住了他的二位老人家可保無事了我這妹子的性命保住了身子保住了你二位老人家可保無事了我雖然句句的露尾藏頭被你二人層的尋根覓究話也大概說明白了千里搭長棚沒個不散的筵席你我將軍不下馬各自奔前程恕我失陪說着掖上那把刀邁步出門往外就走這正是鏡中花影波中月

假假眞眞辨不淸要知那十三妹忙碌碌的又向那裡去

下回書交代

兒女英雄傳第八回終

兒女英雄傳評話第九回

憐同病解橐贈黃金　識良緣橫刀聯嘉耦

這回書緊接上回講得是十三妹向安公子張金鳳並張老夫妻把一往的原由來歷交代明白邁步出門朝外就走安公子一見慌了只慌得手足無措却又不好上前相攔張老夫妻二人更是沒了主意也只說得個姑娘不要忙只有張金鳳乖覺他見十三妹纔把話說完掖上那把雁翎寶刀頭也不回抬身就走他便連忙搶了兩步搶到十三妹面前回身迎頭一跪雙手抱住十三妹兩腿說姐姐那裡去你此時是去不得的了嚇安公子同張老夫妻

見了便也一同上前圍着不放十三妹道這又奇了你們的事是撥弄清楚了我的話也交代明白了你們如何還不放我去張金鳳道我是斷斷不放姐姐去的十三妹道旣如此你且起來張金鳳雙關緊抱把臉靠住了那姑娘的腿賴住不動說要姐姐說了不去我纔起來十三妹用手把他扶起說你且起來我纔說去不去的話說着扶起張金鳳大家重復歸坐只見十三妹笑向大家指着張老夫妻道他二位老人家罷了你們兩個枉有這等個聰明樣子怎麽也恁般獃氣你們道我眞個要去麽你看這等的深更半夜古廟荒山雖說救了你兩家性命這個所在

被我鬧得血濺長空尸橫遍地請問就這樣撂下走了叫你們兩家四個無依無靠的人怎麼處就便你們等到天亮各自逃生大路上也難免有人盤問這豈不是沒救成你們倒害了你們了麼就算我是個冒失鬼鬧了個烟霧塵天一槩不管甩手走了你們想想難道炕上那個黃布包袱我就這等含含糊糊的丢下不成就算我也丢下不要了你們只看墻上挂的我這張彈弓我這張彈弓是銅胎鐵背鏤銀研金扣一百二十步開外不同尋常兵器從我祖父手裡傳流到年算個傳家至寶我從十二歲用起至今不曾離手難道我也肯丟下他不成張金鳳道旣如

此姐姐爲何忽然説要去呢十三妹道一則看看你二人的心思二則試試你二人的膽量三則我們今日這樁公案情節過繁話白過多萬一日後有人編起書來這回書我不着個結扣回頭兒太長因此我方纔説完了話便站起來要走作個收場好讓那作書的借此歇歇筆墨説書的借此潤潤喉嚨你們聽聽有理無理十三妹説明這段話不但當時在場的大家聽了把心放下就連現在聽書的也都説有理卻説安公子經了這一番喧鬧又聽了這半日長談早把那黄布包袱忘在九霄雲外如今因十三妹提到他纔想起連忙爬到炕上雙手抱起來送到十三

妹跟前放在棹兒上說姑娘這是你交給我看守着的那個包袱我聽你說的要緊方纔鬧得那等亂烘烘的我只怕有些失閃如今幸而無事原包交還姑娘請收明了姑娘道借重費神只是我不領情這東西與我無干那是你的安公子詫異道這分明是姑娘你方纔交給我的怎生說是我的東西起來十三妹道你聽我說方纔在店裡的時候你不說你令尊太爺的官項須得五千餘金纔能無事麼如今你囊中止得二千數百兩纔有一半聽起來老人家又是位一塵不染兩袖皆空的世情如紙只有錦上添花誰肯雪中送炭那一半又向那裡弄去萬一一時不

得指手從任催得緊上司逼得嚴依然不得了事那時豈不連你這一半的萬苦千辛也前功盡棄所以今日晌午我在悅來店出去走那一盪就是爲此我從店中別後便忙忙的先到家中把今晩不得早囘的原由稟過母親一面換了行裝就到二十八棵紅柳樹找着我拐的那位老英雄要暫借他三千金了你這樁大事若論這位英雄的家當慢說三千金就是三萬金他一時也還拿得出來若論他同我的氣義莫講三萬金便是三十萬金他也甘心情愿我也用得他的所以他聽見我說個借字就立刻照數的盤出來叫我送到那裡我說不必遣人運送給我捆

馱停妥就稍在我驢兒上帶去罷倒虧他的老成見識說道這三千金通共也不過二百來斤怕不帶去了但是東西狠犺路上走着也未免觸眼因問我還是本地用還路用如本地用有現成的縣城裡字號票子遠路用有現成的黃金帶着豈不簡便些我聽他說得有理就用了他二百兩足色黃金大約也夠三千銀光景了說着解開那包袱又把兩封紙包拆開只見包着二百兩同泰號硃印上色葉金安公子還不曾答話那張老看了說這樣俵錢的東西一二百一二百的幫人真可少見又想的這樣周到姑娘你不要真是個菩薩轉世罷張老婆兒一旁看了也不住

的點頭咂嘴說道只聽說金子是件寶貝鍍個冠替兒啊丁香兒啊還得好些錢呢敢是眞有這麽大包的你看看黄澄澄的怪愛人兒我彌陀佛那張金鳳雖是個鄉村女子却天生得不落小家氣象且此時一心只有個十三妹姐姐餘事都不在心上不過遠遠的看了一看暗暗的敬服十三妹別無多言只有安公子承這位十三妹姑娘保了資財救了性命安了父母已是喜出望外如今又見他這番深心厚意宛轉成全又是歡忻又是感激想起自已一時的不達時務還把他當作個歹人看待又加上了一層慚悔一層羞愧只管滿臉是笑不覺得那兩行眼淚就

如湧泉一般流得滿面啼痕只聽他抽抽噎噎的向那姑娘道姑娘我安驥真無話可說了自古道大恩不謝此時我倒不能説那些客套虛文只是我安驥有數的七尺之軀你叫我今世如何答報説着便嗚嗚的哭將起來張老夫妻看了也不住的在一旁擦眼抹淚連張金鳳也不覺滴下淚來十三妹道大家不必如此公子你也且住悲啼不須介意要知天下的貨財原是天下公共的不過有這口氣在替天地流通這椿東西説這是你的那是我的到頭來究竟誰是誰的只求個現在取之有名用之得當就是了縱然富萬金也不算虛花用得不當一文也叫作枉

費卽如這三千金成全了你一片孝心者人家半世淸名這就不啻作虛花枉費不但授者心安受者心安連那銀子那箇不往生在天地間了何況這幾兩銀子我原說一月必還又不是白用他的這一月之內自有那投主兒的錢送上門來替你還他連我也不過作個知情底保的中人這手來那手去你又何必這等較量錙銖安公子聽了只得領受收好不提再講那十三妹這番解囊贈金又了却一樁心事便要商議打發他兩家男女上路的話只是看看這四個人之中一個是瘦怯怯的書生一個是嬌滴滴的女子那張老夫妻雖然年紀大些又是一對鄉愚從

了這番大難一個個嚇得神魂不定坐立不安這上路的事情一時從何商起想了一想便對大家說道如今諸事已妥就該計議到你們的上路了但是要計議大事先得定了心神纔得周到細密如今我要不先把你們的心安了神定了就說萬言也是無益大約此時你們心裡第一件怕這一院子死和尚第二件怕有外人來闖破這塲人命官司性命干連第三件惹了這塲大禍便走了日後破案也難免挂悮我告訴你們這三樁事都不要緊人生在世不過仗着天地的一口氣及至死了是個忠臣孝子義夫節婦超出輪迴這口氣便去成神是個平人這口氣再

人輪廻便去作鬼到了這班混帳和尚人死燈滅就想作個鬼也不能這是第一樁不必怕再講到這個地方我方纔表過的前是高山後是曠野遠無村近無隣這樣深更半夜絕沒人來就便這和尚再有些夥黨找了來仗我這口刀多了不能有個三五百人兒還搪住了這是第二樁不必怕至於慮到日後的挂悞官司我若見不透日後的怎樣收場也不肯作眼前的這番事業這是第三樁不必怕這話不是空談得的少一時自然要還你們一個憑據可不知你們四位信得及信不及張老聽了先說道姑娘的話也有個不信的可是說的咧不過怕來個人兒闖見

鬧饑荒鬼可怕他作儋呀我們作莊稼的到了青苗在地的時候那一夜不到地裡守莊稼去誰見有個鬼哪安公子接着說道是啊鬼神者二氣之良能也以二氣言則鬼者陰之靈也神者陽之靈也以一氣言則引而伸者爲神返而歸者爲鬼其實一物而已怕他則甚怕他則甚只是姑娘倒底怎樣打發我們上路十三妹也沒工夫合他掉那酸文說道你且不要忙如今你們爲難的事是都結了我此刻却有件爲難的事要求你諸位話未說完安公子先跳起來道姑娘你有甚麼爲難的事只管說慢講上山捉虎下海擒龍就便赴湯蹈火碎骨粉身我安龍媒此時

都敢替你去作那十三妹把眼皮兒挑了一挑說道如此好極了你就先把這一院子死和尙給我背開他安公子聽了皺着眉裂着嘴搖着頭道這樁事却難十三妹道既這樣可詐甚麼關兒呢因回頭向張老夫妻道這事得求你二位老人家張老道這背死尸小老兒却也來不得的呢姑娘笑道豈有此理難道偺們還管給他打掃地面麼那老婆兒問道倒底作偺啷姑娘道我從晌午起鬧到這時候兒了這如今便再有這等的五六十里地我還趕得來就再有那等的三二十和尙我也送的了但是我從吃早飯後到此時水米没沾唇我可餓不起了想來你們四

位也未必不餓那老婆兒道嗳這大半日誰見個黃湯辣水來咧就是這早晚那去買個餑餑餅子去呢姑娘道不用買我方纔到厨房裡見那裡煮的現成的肉現成的飯想來是那班和尚的夜消兒咱們何不替他吃了也算一塲功德張老夫妻聽了道這敢是好說着趁着月色老倆口兒連忙到厨房裡去整頓到了厨房見那燈也待暗了火也待乏了使去剔亮了燈通開了火果見那連二竈上靠着一個鍋子裡頭煮着一蹄肘子又是兩隻肥雞大沙鍋裡的飯因坐在膛礶口上還是熱騰騰的籠屜裡又蓋着一屜饅頭那案子上調和作料一應俱全二人正在那

裡打點只見安公子也跑來幫着抓撓張老兒道公子你不能小心看燙了手你去等着吃去罷安公子看了看却也沒處下手只得走開纔回到正房十三妹便問道你又作甚麼來了安公子道那裡用不着我十三妹道你看人家那樣大年紀都在那裡張羅你難道還剝個蒜也不會麼安公子道剝蒜我會說着忙忙又跑了去不提却說那十三妹見他三人都往廚房去了便拉了張金鳳的手來到西間南炕坐下這纔慢慢的問他幾歲上留的頭幾歲上裹的脚學過活計不成有了婆家沒有問了半天怎奈那十三妹只管一長一短的問那張金鳳只有口裡勉强

支應的分兒却緊綳雙眉一句話也說不出來十三妹心中納悶說妹子你如今禍退身安正該歡喜怎麼倒發起怔來了這句話一問那張金鳳越發臉上害羞不定索性坐也不是站也不是起來把個十三妹急得拉着他問道你不是嚇着了氣着了心裡不舒服呀張金鳳只是搖頭十三妹納了半天的悶兒忽然明白了說我的姑奶奶你不是要撒溺哇張金鳳聽了這句纔說道可不是只是此刻怎得那裡有個淨桶纔好十三妹說道這麼大人了要撒溺倒底說呀怎麼彆着不言語呢還這麼盤四方眼兒一定要使個淨桶請問一個和尚廟可那裡給你找馬子

去快跟了我來罷說着攙着張姑娘到東裡間替他四處一找一時也找不出個撒溺的傢伙來一眼看見那和尚的洗臉盆在盆架兒上放着裡頭還有半盆洗臉水十三妹姑娘連忙拿到房門口兒潑在當院子裡進來便把那洗臉盆放在靠牀沿跟前催着他小解張金鳳見了這纔忙忙的袖手進去解下裙子褪了中衣用外面長衣蓋嚴然後蹲下去鴉雀無聲的小解一時完事因向十三妹道姐姐不方便方便麼十三妹道眞個的我也撒一泡不咱因低頭看了一看見那臉盆裡張姑娘的一泡溺不差甚麼就裝滿了他便伸手端起來也潑在院子裡重新拿進

房來小解這位姑娘的小解法就與那金鳳姑娘大不相同了渾身上下本就只一件短襖一條褲子莫說裙子連件長衣也不會穿着只見他雙手拉下中衣還不曾蹲好就嘩拉拉鏘啷啷的撒將起來張金鳳從旁看着心裡暗暗的說道看他俏生生的這兩條腿兒雪白粉嫩同我一般怎麼會有這樣的武藝這樣的氣力眞也令人納罕說話間十三妹站起整理中衣張金鳳便要去倒那盆子十三妹道那還倒他作甚麼呀給他放在盆架兒上罷且住說書的這十三妹既是一位正氣不過的俠女你爲何這等唐突他起來列公非唐突也一則是這位姑娘生性豪

爽一片天眞從不會學那小家女子遮遮掩掩扭扭捏捏二則兩個女孩兒在一處本沒有甚麼避諱三則姑娘的這泡溺大約也是彆急了這叫作風火事兒斯文不來閑話休提且說那張金鳳整好衣裙仍同十三妹回到西間坐下此時氣兒也緩過來了臉兒也有紅似白的了兩個人纔掩上房門一問一答的談起心來談到婆家那裡張姑娘又低了頭含羞不語十三妹道這男婚女嫁是人生大禮世上這些女孩兒可臊的是甚麼我本就不懂妳妹妹我是個急性子人你有話爽爽快快的說不許腼我張金鳳只得紅着臉說了一句還沒有呢十三妹道我問你

一句話可不怕你思量我聽見說你們居鄉的人兒都是從小兒就說婆婆家還有十一二歲就給人家童養去的怎麽妹妹的大事還沒定呢張金鳳道道也有個緣故只因我爹媽膝下無兒想要招贅又因我叔叔臨危再三囑咐說一定要揀一個讀書種子因此還不曾定十三妹道嗳喲這鄉村地方兒可那裡去找個讀書種子哪就有也不過是個平等鄉愚如何消受得妹子你起說着低頭想了一想又道妹妹既如此姐姐給你做媒媒提一門親如何張金鳳聽了低下頭去又不言語十三妹站起來拍着他的肩膀兒說不許害羞說話張金鳳悄聲道姐姐你

叫我怎樣個說法此時爹媽是甚麼樣的心緒妹子是甚麼樣的時運況這途路之中那裡還提得到此十三妹道你這話我聽出來了想是不知我說的是個甚麼人家兒甚麼人物兒我索性明明白白的告訴你我要給你提的就是你方纔你見的這個安公子你瞧瞧門戶兒模樣兒人品兒心地兒大約也還配得上妹妹你罷這張金鳳再也想不到十三妹提的就是眼前這個人霎時間羞得他面起紅雲眉含春色要佳不好要躲不好只得扭過頭去怎當得十三妹定要問他個牙白口淸急得無法說道姐姐這事要爹媽作主怎生的只管問起妹子來十三妹道

自然要他二位老人家作主何消說得只是我先要問你個願意不願意那張金鳳此時被十三妹磨的也不知嘴裡是酸是甜心裡是悲是喜只覺得胸口裡像小鹿兒一般突突的亂跳緊咬着牙始終一聲兒不言語倒把個十三妹慪的没法兒了因說道我看這句話大約是問不出你來了你瞧我也認得幾個字兒說着走到堂屋裡把那棹子上茶壺裡的茶倒了半盌過來蘸着那茶在炕棹上寫了兩行字張金鳳偷眼一看只見寫的一行是願意兩個字一行是不願意三個字只聽十三妹笑道妹妹來罷你要願意就把那不願意三個字抹了去留願意兩個字

你要不願意就把那願意兩個字抹了去留不願意三個字這沒甚麼爲難的了罷說着便去拉張金鳳的手那張姑娘那裡肯伸手去抹那字只是怎禁得十三妹的勁大被拉不過只得隨手一陣亂抹不想可巧恰恰的把個不字抹了去十三妹嘻嘻的笑道哦單把個不字兒抹去了這的是愿意愿意是不是果然如此好極了這件事交給姐姐保管你稱心如意這張金鳳姑娘被十三妹纏磨了半日臉上雖然十分的下不來心上却是二十分的過不去只在這過不去的上頭不免又生出一段疑惑來你道這是甚麼緣故這張金鳳原是個聰明絕頂的人他心裡

想着要論安公子的才貌品學自然不必講是個上等人物了尤其難得的是眼見他的相貌耳聽他的言談見他相貌端莊就可知他的性情聽他言談儒雅就可知他的學問更與那傳說風聞的不同然雖如此一個人既作了個女孩兒這條身子比精金美玉還尊貴縱然遇見潘安子建一流人物也只好發乎情止乎禮但是止乎禮是人人有法兒的要說不准他發乎情雖聖賢仙佛也沒法兒所苦的是這情字兒雖到海枯石爛也只好擱在心裡斷斷說不出口來便是女孩兒家不識羞說出口來這事也不是求得人的也不是旁人包辦得來的不想今日無端

的萍水相逢碰見了這個十三妹第一件先從泥裡救了我的性命第二件便從意外算到我的終身這等才貌雙全的一個安公子他還恐怕我有個不願意要問我個牙白口清還不許不說這個人心地的厚腸子的熱也算到了頭兒了只是他也是個女孩兒俗語說的人同此心心同此理若說照安公子這等的人物他還看不入眼這眼界也就太高了不是情理若說他既看得入眼這心就同枯木死灰絲毫不動這心地也就太冷了更不是情理若說一樣的動心把這等終身要緊的大事百年難遇的良緣倒扔開自己雙手送給我這樣一個初次見面傍不相

干的張金鳳尤其不是情理這段緣故叫人實在不能不疑莫非他心裡有這段姻緣自已不好開口却明修棧道暗度陳倉先說定了我的事然後好借重我爹媽給他作個月下老人聯成一牀三好也定不得若果如此我不但不好辜負他這番美意更得體貼他這片苦心纔報的過他來只是我怎麼個問法兒呢這張姑娘只管如此心問口口問心的一番盤算臉上那種爲難的樣子比方纔彎着那泡溺還露着爲難忍不住趕着十三妹叫了一聲姐姐說道姐姐妹子雖則念了幾年書也知道了古往今來的幾個人物幾椿公案只是有一個故典心裡始終不得

明白要請教姐姐十三妹早聽出他話裡有話笑問道你且說來我聽張金鳳道記得那大乘經上講的我佛未成佛以前在深山叅修正果見那虎餓了便割下自己的肉來喂虎見那鷹饑了便剜出自已的腸子來喂鷹果然如此那我佛的慈悲眞算得愛及飛禽走獸了只是他自已不顧他自已的皮肉肝腸這是個甚麼意思列公這句話要問一個村姑蠢婦那自然就一世也莫想明白了這十三妹本是個玲瓏剔透的人他那聰明正合張金鳳針鋒相對聽了這話冷笑了一聲接着嘆了一口氣說妹子你可記得漢書有兩句話道的最好道是可爲知者道難爲

俗入言你我雖是傾蓋之交你也算得我一個知己了但是作姐姐的心事更自不同只可爲自巳道難爲知者言總而言之一句話慢說跟前這樣的美滿良緣大約這人世上的姻緣二字今生於我無分張金鳳聽了這段話更加狐疑還要往下問只聽安公子在院子裏說道趁時好燙快開門說着只見他捧着一盤子熱騰騰的饅頭推門放在棹子上他姐妹倆個就連忙把話掩住不提緊接着張老夫妻把煮的肘子肥雞連飯鍋小菜醬油蒜片飯碗匙筯分作兩三盪都般運了來分作兩棹安公子同張老在堂屋地棹上張金鳳母女同十三妹在西間炕棹上張

老又把菜刀案板也拿來把那肘子切作兩盤分開十三妹道那兩隻雞不用切了偺們撕了吃罷安公子聽見就要下手去撕十三妹想起他那兩隻手是方纔掐搦褲襠的連忙攔他道你那兩隻手算了罷安公子聽了說等我洗洗去說着跑到東屋裡在那洗臉盆裡就洗十三妹嚷道用不着你多事你不用在那盆裡洗手安公子說不怕水不涼這是我纔剛擦臉的還溫和呢把個張金鳳急的又是害羞又是要笑只得掉過頭去十三妹轉毫不在意如同沒事人一般只說了句你就洗了手我也不准你動說話間那張老婆兒已經把兩隻肥雞撕作兩盤子放好

他老兩口兒餓了一天各各飽飧一頓張姑娘安公子也吃了些只有十三妹姑娘風捲雲殘吃了七個饅頭還找補了四碗半飯這纔放下筷子道得了我這肚子裡是一點兒不爲難了偺們打仗啊上路啊商量罷張老道等我把傢伙先揀下去歸着歸着十三妹道還管他歸着傢伙嗎你老人家倒是沏壺茶來罷張老一面去沏茶安公子幫着張老婆兒忙着把傢伙都撤去都堆在廊下一時茶來了大家嗽口喝茶張姑娘同母親這纔在炕合兒上各人找着自己的煙荷包烟袋吃了一袋烟大家照舊在堂屋裡歸坐已畢十三妹對衆人說道飯兒是吃在肚子裡

了上路的主意我也有了就是得先合你兩家商量你兩家四位裡頭一遛是到下路去的一邊是到上路去的兩頭兒都得我護送我縱有天大的本事我可不會分身法兒我先護送你們那一頭兒好安公子道姑娘先許的送我自然是送了我去十三妹道這是你的主意人家爺兒三個呢在這廟裡餓着等人命官司安公子道不然他有爺兒三個還怕路上沒照應不成十三妹道夢話這裡弄了這樣一個大未完自然得趁天不亮走半夜裡難免不撞着歹人即或幸而無事你瞧這爺兒三個老的老少的少男的男女的女露頭露腦走到大路上算一霎逃難的

還是算一聲拍花的呢遇見個眼明手快作公的有個不盤問的嗎一盤問有個不出岔兒的嗎你算是沒事了你也想想這句話說的出口呀說畢也不合他再談回頭問着張老夫妻說你二位老人家的意思怎麽樣二人還未及答言張金鳳是個有心事的他可把正話兒反說着便對十三妹道姐姐原是爲救安公子而來如今自然送佛送到西天我爺兒三個托安公子的一點福星蒙姐姐救了性命已經是萬分之幸不見得此去再有甚麽意外的事即或有事這也是命中造定眞個的叫姐姐管我們一輩子不成十三妹也不搭言又回轉頭來向着安公子道

你聽聽人家這纔料話你聽着臉上也下得來呀心裡也過的去呀把個安公子問的諾諾連聲不敢回答只見十三妹欠身離坐向張老夫妻道這樁事却得你二位老人家作主要得安然無事除非把你兩家合成一家我一個人兒就好照顧了張老道怎麼合成一家呢十三妹道如今且把上路的話擱起我的意思要先給我這妹妹提門親給你二位老人家招贅個女婿可不知你二位愿意不愿意張金鳳聽了站起來就走十三妹離坐一把拉住接在身旁坐下說不許跑把個張姑娘羞的無地自容坐又不是走又不能只得聽他父親說道姑娘我一家子的性

命都是你給的你說甚麼有個不願意的只是這個地方這個時候那裡去說親去呀十三妹道遠不在千里近只在目前因指着安公子道就是他你二位相看相看中意不中意張老跳起來道姑娘這是倽話他是個官宦人家我是個鄉老兒怎麼攀配得起罪過罪過十三妹道這話你們不用管只說願意不願意張老聽了瞅着老婆兒老婆兒瞅着女兒一時老兩口兒大不得主意起來十三妹道不用問你們姑娘在家從父嫁從夫願意不願意由不得他作主老婆兒道好還怕不好嗄只是俺們拿倽賠送呢十三妹道這話你們也不必管就只成不成的一句話

不用猶疑張老心裡啜敠了半日說道姑娘這話這麼說罷我們公母倆是千肯萬肯的咧可是倒踏門兒的女婿我們纔敢應聲兒呢再這話也得問問安公子十三妹道這是在我因含笑先拍了張金鳳一把說姑奶奶我喝定了你的謝媒茶了這纔吽了聲安公子說道你大概沒甚麼推詞罷誰想安公子起初見這位姑娘且不商量上路百忙裡要給張金鳳說親已經覺得離奇及至聽見說到自巳身上更加詫異心裡一想這可又是件糟事我從幼兒的毛病兒見個生眼兒的娘兒們就沒說話先紅臉再要聽見說媳婦兒那更了不得了今日同這二位混混了

半夜好容日臉不紅了這時候忽然又給說起媳婦來就說媳婦兒也罷也有這樣當面鼓對面鑼的說親的照這位媒人的脾氣兒還帶着是不容人說話說可怎麼好我看這事比方纔那和尚讓酒還還累贅這小爺正在那裡心裡爲難聽十三妹如此一問他趕緊站起連連的擺手說姑娘這事斷斷不可十三妹道哦不可不可想是你嫌我這妹妹醜安公了道非也從來娶妻娶德選妾選色那戰國的齊宣王也曾娶過無鹽蜀漢的諸葛武侯也曾娶過黃承彦之女都是奇醜無對的究竟這二位淑女相夫一個作了英主一個作了賢相醜又何妨況且這張家姑娘是何

等的天人相貌那裡還說得到個醜字不爲此十三妹道既不爲此想來是你嫌我這妹妹窮安公子道更非也自古濁富莫如淸貧我夫子也曾說過富貴貧賤皆須以道得之這貧富二字原是市井小人的見識豈是君子談得的窮又何妨也不爲此十三妹道也不爲此想來是你嫌我這妹妹家裡沒根基安公子道尤其非也姑娘你這等一位高明人難道連那瑤草無塵根的這句話也不曉得這根基兩個字不在門庭家世上講要在心地品行上講的你只看張家姑娘這等的玉潔冰淸可是沒根基的人做得來的不爲此不爲此十三妹道你這話我聽出來了

一定是你已經定下親事了這又何妨像你這等的世家三妻四妾的儘有也沒有甚麼斷斷不可的去處呀安公子急的搖頭道不曾不曾我並不曾定下親事十三妹笑道旣不曾定親問着你你這也飛也那也飛也儘着飛來飛去可把我飛暈了倒是你自巳說說罷安公子纔說道姑娘我安驥此番拋棄功名折變產業離鄉背井冒雨沖風爲着何來爲的是父親身在縲絏之中我早到一日老人家早安一日不想我在途中忽然的主僕分離到此的又險些兒性命不保若不虧姑娘趕來搭救我雖死也作個不孝之鬼如今得了殘生又承姑娘的厚贈恨不得立

刻就飛到父親跟前纔好那裡還有閑工夫作這等没要緊的勾當況且父親的待我雖然百般愛惜教訓起來却是十分嚴厲今日這樁事若不稟命而行萬一日後父親有個不然起來我何以處張金鳳姑娘又何以對姑娘你姑娘這事斷斷不可十三妹聽安公子的話說得有裡有面近情近理待要駁他一時却駁不倒無如此時自已是騎着老虎過海可眞下不來了只得勉強冷笑一聲說我的少爺你這可是看鼓兒詞看邪了你大概就把這個叫作臨陣收妻你聽我告訴你你要說爲老人家的事如今銀子是有了我既說過保你個人財無恙骨肉重逢這話

自然要說到那裡作到那裡你要說定親這件事沒要緊自古不孝有三無後爲大況且俗語說的過了這個村兒沒這個店兒你要在我我妹妹這麼一個人兒只怕你走遍天下打着燈籠也沒處找去你要說慮到老人家日後有個不允據我聽你講起你家太爺的光景來一定是一位品學兼優閱歷通達的老輩斷不像你這樣古執不通慢說見了我妹妹這等德言工貌的全才就聽見我這等的癡傻獃呆的作事都沒有個不允的理你放心況且事情到了這個地步了只有成的理沒有破的理你以爲可也是這樣定了你以爲不可也是這樣定了你可知些進

退張老夫妻一旁看了自然不好搭話張金鳳更是萬分的作難不想死心眼兒的遇見死心眼兒的了只見安公子氣昂昂的高聲說道姑娘不可如此三軍可奪帥也匹夫不可奪志也我安驥豈可負了姑娘作個無義人絕不敢背了父母作個不孝子這事斷斷不能從命十三妹聽了登時把兩道娥眉一豎說不信你就講的這等決裂狠好你既不能從命我也不敢承情算我年輕好事冒失糊塗我是沒得說了只怕有個主兒你倒未必合他講的過去安公子道憑他甚麼主兒難道還好强人所難不成便是這等我也不妨合他去講十三妹聽了這話滿臉怒容

更不答話一伸手從棹子上綽起那把雁翎寶刀來在燈前一擺説就是我這把刀要問問你這事到底是可喲是不可還是斷斷不可説話間只見他單臂一揚把刀往上一舉撲了安公子去對准頂門往下就砍這正是信有雲鬟稱月老何妨白刃代紅絲要知安公子性命如何下回書交代

兒女英雄傳評話第九回終

兒女英雄傳評話第十回

玩新詞匆忙失寶硯　防暴客諳切付雕弓

上回書講的是十三妹仗義任俠救了安龍媒張金鳳並張老夫妻二人因見張姑娘是個聰明絕頂的佳人安公子又是個才貌無雙的子弟自己便輕輕的把一個月下老人的沉重就在身上要給他二人聯成這段良緣不想合安公子一時話不投機惹動他一冲的性兒羞惱成怒還不曾紅絲暗繫先弄得白刃相加按這段評話的面子聽起來似乎純是十三妹一味的少不更事生做蠻來那是不然書裡一路表過的這位十三妹姑娘是天生的一

個俠烈機警人但遇着濟困扶危的事必先通盤打算一個水落石出纔肯下手與那西遊記上的羅刹女水滸傳裡的顧大嫂的作事卻是太不相同卽如這椿事十三妹原因俠義兩個字上起見一心要救安張兩家四口的性命纔殺了僧俗若干人旣殺了若干人其勢必得打發兩家趕緊上路迯走纔得遠禍講到上路一邊是一個瘦弱書生載着黃金緇重一邊是兩個鄉愚老者伴着紅粉嬌娃就免不了路上不撞着歹人其勢必得有人護送講到護送除了自已一身之外責堪旁貸者再無一人講到自已護送無論家有老母不能分身這離就便得分身他兩

家一南一北兩路分程不能兼顧其勢不得不把兩家合成一路講到兩家合成一路又是一個孤男一個幼女非鵜非鳳不好同行更兼二人年貌相當天生就的一雙嘉耦使他當面錯過也是天地間的一椿恨事莫若借此給他合成這段美滿姻緣不但張金鳳此身得所連他父母也不必再計及到招贅門婿一同跟了女兒前去倒可圖個半生安飽如此一轉移間就打算個護送他們的法兒也還不難自已也算救人救徹救火救滅不枉費這番心力此十三妹所以挺身出來給安龍媒張金鳳二人執柯作伐的一番苦心孤詣也又因他自已是個女孩兒看着

世間的女孩兒自然都是一般的尊貴未免就把世間這些男子貶低了一層再兼這張金鳳的模樣言談性情行逕都與自已相同更存了個惺惺惜惺惺的意見所以未從作這個媒心裡只有張金鳳的願不願張老夫妻的肯不肯那安公子一邊直不會着意料他也斷沒個不願不肯的理誰想安公子雖是個年少後生却生來的老成端正一口咬定了幾句聖經賢傳斷不放鬆這其間弄得個作媒的在那一頭兒把弓兒拉滿了在這一頭兒可把釘子碰着了自然就不能不鬧到揚眉裂眥拔刀相向起來這是情所必至理有固然的一段文章列公莫認作十三

妹生做蠻來也莫怪道說書的胡謅硬扭話休絮煩言歸正傳却說安公子見十三妹揚刀奔了他來哎呀了一聲雙手握着脖子望門外就跑張老婆兒是嚇得渾身亂抖不能出聲張老見了一步搶到屋門雙手叉住門框說姑娘這可使不得有話好講嘴裡只管苦勸却又不好上前用手相攔這個當兒張金鳳更比他父母着急你道他爲何更加着急原來當十三妹向他私下盤問的時候他早已猜透十三妹要把他兩路合成一家一舉三得的用意所以一任十三妹調度更不過問料想安公子在十三妹跟前受恩深處也斷沒個不應之理不料安公子倒鬧三

的一推辭他聽着如坐針氈正不知這事怎的個收場只是不好開口如今見一直鬧到拿刀動杖起來便安公子被逼無奈應了自己已經覺得無味儻然他始終不應這句話這十三妹雷厲風行一般的性子果然鬧出一個大未完來不但想不出自己這條身子何以自處請問這是一樁甚麼事成一個甚麼書莫若此時趁事在成敗未定之天自己先留個地步一則保了這沒過門女婿的性命二則全了這一相情願媒人的臉面三則也占了我女孩兒家自已的身分四則如此一行只怕這事倒有個十拿九穩也不見得想罷他也顧不得那叫避嫌那叫害羞連

忙上前把十三妹攀刀的這隻右胳膊雙手抱住往下一墜乘勢跪下叫聲姐姐請息怒聽妹子一言告稟因說道姐姐這話不是我女孩兒家不顧羞恥事到其間不說是斷斷不得明白的了姐姐的初意原是因我兩家分途行走兼顧不來纔要歸作一路歸作一路同行不便纔有這番作合姐姐的深心除了妹子體貼的到不但爹媽不得明白大約安公子也不得明白若論安公子方纔這番話所慮也不爲無理只是我們作女孩的被人這等當面拒絕難消受些在我替我算計此時惟有早早退避纔是個自全的道理還有何話可說所難的是姐姐方纔當面給

我兩家作合的這句話不但爹媽應准的連天地鬼神都聽見的我張金鳳可只有這一條道兒可走沒第二句話可商量如今事情鬧到這步田地依我竟把這婚姻兩字權且擱起也不必問安公子到底可與不可的話我就遵着姐姐的話跟着爹媽一直送安公子到淮安一路行則分轍住則異室也沒甚麼不方便的去處到了淮安他家太爺太太以爲可妹子就遵姐姐的話作他安家的媳婦以爲不可靠着我爹爹的耕種刨鋤我娘兒兩個的縫聯補綻到那裡也吃了飯了我依然作我張家的女兒只是我雖作張家女兒卻得借重他家這個安字兒虛挂個招

牌字號那時我便長齋繡佛奉養爹媽一世也算遂了姐姐的話一天大事就完了姐姐此時何必合他惹這閒氣張姑娘這幾句話說得軟中帶硬八面兒見光包羅萬象把個鐵錚錚的十三妹倒寄放在那裡爲起難來了只得免强說道咻豈有此理難道偺們作女孩兒的話得不值了倒去將就人家不成你看我到底要問出他們可不可來再講再說安公子若說不願得這等一個絕代佳人斷無此理只因他一團純孝此時心中只有個父母更不能再顧到第二層再加十三妹心裡作事他又不是這位姑娘肚子裡的蛔虫如何能體貼得這樣到呢所以纔有這

場決裂如今聽張金鳳這幾句話說了個雪亮這是椿一舉三得的事難道還有甚麼扭揑的去處那時他正在牕外進退兩難聽得十三妹說到底要問他個可不可便從張老膈肢窩底下鑽進來跪下向十三妹道姑娘不必動氣了我方纔是一時迂執守經而不能達權恰纔聽了張家姑娘這番話心中豁然貫通如今就求姑娘主婚把我二人聯成匹耦一同上路到了淮安我把這段下情先向母親說明父親如果准行却是天從人願儻然不准我豁着受一場教訓挨一頓板子也沒的怨到了萬萬無可挽回張姑娘他說爲我守貞我便爲他守義情願一世不娶

哪這話皇天后土實所共鑒有渝此盟神明殛之姑娘你道如何啦阿十三妹見安公子這個光景知他這話不是被逼無奈這是出於天良至誠不覺變嗔爲喜道纔把膀根兒一鬆刀尖兒朝下一轉手裡攥着那把刀向安公子張金鳳道你二人媒都謝了還合我鬧的是甚麼假惺惺兒呢說着把張姑娘攙起送到東間暫避回身出來便向張老夫妻道喜張老道我的姑娘你可眞費大了心了張老婆兒道我的菩薩沒把我唬煞了這如今可好咧姑娘道告訴你老人家罷這就叫作不打不成相與說着回頭又向安公子道妹夫你可莫怪我鹵莽這是天生的一件

成得破不得的事大約不是我這等鹵莽這事也不得成至於你方纔拒婚的那段話却也說得不錯婚姻大事自然要聽父母之命纔是但是父母也大不過天地今夜正是圓月當空三星在戶你看這星月的光兒一直照進門來了你二人都在客邊想來彼此都沒個紅定只是這大禮不可不行就對着這月色星光你二人在門裡對天一拜完成大禮說着便請張老招護了安公子張老婆兒招護了張姑娘拜過天地十三妹又走到八先桌子跟前把那盞燈拿起來彈了彈燭花放在桌子正中說道你二人就向上磕三個頭妹夫就算拜告了父母妹妹就算叅見

了公婆拜畢十三妹又向張老夫妻道你二位老人家請上坐好受女兒女婿的禮二人道我們罷了閙了這半日也該叫姑爺歇歇兒了十三妹道不然這個禮可錯不得說着便自己過去扶了張姑娘同安公子站齊了雙雙磕下頭去張老道白頭到老的這都是恩人的好處我老兩口兒下半世可就靠着姑爺了老婆兒道那還用說哩他疼偺們閨女有個不疼偺倆的一時大禮行罷把個張老喜歡的無可不可說等我沏壺熱茶來大家喝喝說着拿了茶壺到厨房裡沏茶去了安公子此時是怕也忘了臊也忘了樂的也不知該說那一句話是頭一句轉覺得滿

臉週身的不得勁兒在那裡滿地轉轉這個當兒張姑娘還低着頭站在當地不動他母親道姑娘你這邊兒坐下歇歇腿兒罷張姑娘只合他母親努嘴兒抬眼皮兒的使眼色無奈這位老媽媽兒總看不出來急得個張姑娘沒法兒只好賣嚷兒了他便往空說道啊我們倒底該叩謝叩謝這位恩深義重的姐姐纔是一句話把安公子提醒連說有理有理這纔忙忙的跑過來同張姑娘雙雙跪下向上給十三妹磕頭安公子這幾個頭眞是磕了個死心塌地的只見他連起帶拜的鬧了一陣大約連他自已也不記得是磕了五個啊還是磕了五個十三妹也歛衽萬

福還過了禮便一把把張金鳳拉到身旁坐下看了他笑道嘖嘖嘖果然是一對美滿姻緣不想姐姐竟給你弄成了這也不枉我這滴心血張姑娘聽了感極而泣不覺掉下淚來正說着張老沏了茶來大家喝罷十三妹道這偺們可就要歸着行李了因對張老道你老人家帶了你們姑爺拿上燈先到那地窨子裡把他那幾個箱子打開凡衣服首飾以及零星有記認的東西一概不要但是有的金銀不論多少都給我拿出來二人聽了也不知甚麼意思只得拿燈前去進了那個櫃門張老道姑爺你讓我拿着燈罷說着接過燈來照了安公子一步步從台堦兒下

去二人進了地窨子門果見有幾個箱子硌在牀頭上一個個搬下來打開裏頭不過是些衣飾之類也不細看只見每個箱子裡整的也有碎的也有都有兩三包銀子一一的拿出來堆在地下回頭看了看牀裡邊還放着個小包袱提了提覺得沉重打開一看原來是他老婆兒合女孩兒的隨身包袱連家裡帶出來的那一百銀子都在裡頭也提在地下重復拿着燈搬運出來說明了原由十三妹畧畧的數了一數通共也有個千把兩銀子因先揀了一包碎的約畧不足百兩擱在一邊又把那小包袱仍交還他母女然後指了那十幾包銀子向安公子道我兩個

便宜你把這一千來的銀子拿去換給我一百金使安公子聽了叫聲姑娘自已忙又改口道我怎麽還是這等稱呼我自然也該稱作姐姐纔是姐姐這原是你的東西怎說到換起來十三妹道你不換我不要了安公子連說換換就拿了一包過來十三妹接在手裡向張金鳳道妹妹偺們可不是空身兒投到他家去了這一百金子算姐姐給你墊個箱底兒罷隨把包兒遞給張老婆兒手裡那老婆兒道姑娘作嗎呢罷呀你疼你妹子還疼的不夠嗎還給他這東西嘴裡說着手裡可接過去了張老看了也一旁道謝不迭十三妹交明了就催安公子收那銀子安公

子再三的不肯道姐姐你難道不留些使十三妹道方纔留的那一包碎的儘夠我同母親過冬的了即或不夠左右有那一項沒主兒的錢我甚麼時候用甚麼時候取你别累贅快些收去大家好打點起身安公子聽了無法只得收下十三妹出了一回神問着張老道我方纔在馬圈裡看見一輛席棚兒車想來就是他娘兒兩個坐的一定是你老人家趕了來的呀張老道可不是我還有誰呢十三妹道這輛車連牲口都好端端的在那裡呢你老人家這時候就去把他收拾妥當了回來把你們姑爺的被套行李銀兩給他裝在車上把一應的東西裝好鋪墊不了

叫他娘兒兩個好坐再把那個驢兒解下撥套來勻給你們姑爺騎說着便問安公子道會騎驢呀安公子道也會騎何况於驢難道我一路不是騎了包程騾子來的只怕沒有鞍子張老道有我車上稍着個帶馬褥子的軟屜鞍子呢十三妹道那就巧極了牲口也有了就叫你們姑爺騎上跟着一夥同行等都弄妥當了偺們大家趁着天不亮就動身我一直送你們過了縣東關那裡自然有人接着護送下去管保你們老少四口兒一路安然無事這算完了我的事了你們爺兒三個就去收拾起來我同我這妹妹冉多說一刻的話兒大家聽了自是個個歡喜張

老道等我去看看牲口把草口袋拿出來先喂上他回來好走路安公子道我也去我在這裡閒着作甚麽說着一同去了這工夫張家母女二人把行李金銀一一的包捆妥當張老喂上牲口同安公子進來又叫上老婆兒幫着三個搬運了幾次纔得運完裝好只見張老又忙忙的回來向十三妹道姑娘我又想起件事情來了偺們走後萬一天明進來一個人這一院子的死和尚可怎麽好哇十三妹笑道這個都在我只管放心走路橫豎不與你我相干張老道這樣敢是好我可招護車去了你們娘兒們收拾收拾也是時候兒了上車罷却說十三妹見諸事已畢

使叫安公子去屋裡找分筆硯來用安公子道此時要筆
硯何用我這裡現成說着從懷裡掏出一個小小的布包
兒打開只見裡面包着一塊圓式硯台用檀木盒兒裝着
那塊石頭細膩精純那硯台盒子上面又密密的鐫着銘
跋字跡端的是塊寶硯安公子又在靴掖裡取出筆墨來
研好了墨連筆遞將過去那十三妹左手托了硯台右手
把筆蘸得飽了跳上棹子回頭叫安公子舉燈照着他便
在那正中對着房門的北墻上筆墨淋漓寫了兩行大字
安公子一面拿燈光照着一面眼睛隨着筆一字字的往
下看接着口中念道

貪嗔癡愛四重關這闍黎重重都犯他殺人污佛地
我救苦下雲端剗惡鋤奸見我時合你雲中相見
念完樂的他咂嘴搖頭拍腿打掌的呵呵大笑說道姐姐我只見你舞刀弄棒殺人如蔴以爲奇哉再不曉得你胸中還埋沒着如此的一段珠璣錦繡只這書法也寫得這等鳳舞龍飛真令人拜服只是大家方纔問如姐你的住處你只說在雲端裡住如今這詞兒裡又是甚麼雲中相見莫非你真個在雲端裡不成十三妹笑道我這都是夢話你不用問他安公子搖着頭道不然不然這裡邊定有個道理說畢還在那裡默默的細揣摩那雲中相見的這

句話那十三妹早下了桌子把筆硯放下便把那把寶刀依舊的圍在腰間又向牆上取下那張彈弓來跨上然後揣上那包銀子一口把燈吹滅説道别躭延了走罷邁步出門朝外先走張家母女合安公子見了也只得忙忙的隨了出來這十三妹出得院門先到配殿把驢兒拉上就一直的奔了馬圈見那車輛牲口都已妥當隨即打發張家母女上了車安公子也拉了他的牲口十三妹又把自己的驢兒也交給他帶着開了門讓大家出去張姑娘在車裡問道姐姐不走還等甚麽十三妹道我還有點事兒你們出外邊略等説着催了車輛牲口出門自己重新把

門關好然後他纔就地托的一縱縱上房去從房外頭跳將下來便在驢兒上解下包袱依然罩上那塊青紗包頭穿上那件佛青布衫兒重新躋上彈弓騎上驢兒趁着那斜月殘星護送着一行人逍遥自在的竟自投東去了走了黃程到了岔道口那天纔東方閃亮就從那裡上了大道一直的向茌平縣的北門關廂從城外一路繞向東門關廂而來出了東關廂十三妹見人烟漸漸稀少向安公子道護送你們的那個人我合他約在前面二十里外柳林裡相候我先走一步招呼他去你們隨後趕來說着一盡牲口如飛而去安公子同張老隨後趲着牲口趕來走

了約莫有一個時辰早已遠遠的望着一帶柳樹林子大家趲向前去只見十三妹的那匹黑驢兒拴在一棵樹上大家到了跟前安公子下了牲口張家母女也從車上下來轉進樹林十三妹早從裡邊迎了出來安公子一見就先問道姐姐說的護送我們那位在那裡請來相見十三妹道已經在此恭候多時你不用忙大家且在這樹底下坐了歇歇兒再說因對衆人說道你們大家自然都要見見這位護送你們去的人是怎樣一個英雄如今我實對你們說罷你們此去經過牤牛山癩象嶺雄雞渡野猪林都是歹人出沒的去處慢講一個人護送就有三個五個

十個八個人護送也不過沒事的時候仗個膽子兒果然到有了事依然無用要得千妥萬當還只有我親身送了你們去無奈我家有老母不能遠離如今我看我這妹子面上把我這張彈弓兒借給妹夫你說到這裡安公子道姐姐只是我那裡會打這彈弓兒況且姐姐這張彈弓我又如何拉得開使得動十三妹道不用你使你只把他背在身上一路雖然抵不得萬馬千軍大約也算得一個開路的先鋒保標的壯士大家聽了將信將疑面面相視十三妹道我這話大家乍聽自然不能見信你們試想我豈有拿着你兩家若干條性命當兒戲的你們今日走一站

明日就過牝牛山那山上的頭領個個武藝來得手下還集着百十個嘍囉這第一處就不好過你們明日倒要趁着後半夜的月色早走到了牝牛山跟前這班人一定下山攔路要借盤纏你們千萬不可合他動手張老大爺你也不必搭話只把車攏住這算讓他一步他一看就知是個走路的行家便不動手了這可就用着妹夫你了你只管仗着膽子不必害怕天下的强盜只有打算刼財的斷沒無故殺人的那時無論他是騎牲口是步行你先下了牲口只管上前合他搭話切忌不可說車上沒銀子他們的本領大凡有起客人經過有無金銀并那金銀的數目

多少都料估的出來你就道車上𨚫帶着三五千金只是要給老人家如何如何料理官司大事用的不能勻出來奉送其餘隨身行李所値無多只有這張彈弓還値得幾兩銀子就把來奉送等他接過這彈弓去看了不用你開口他必先問我那時他不但不敢收這張彈弓只怕還要備酒備飯幫助盤纏也不可知只是你們都不必領他的也不必到他山上去就說我的話合他們借兩個牲口添上幫套拉這輛車再撥兩個老作人一直送你們到淮安界上我日後見面定自面謝那時人也夠用的了牲口也夠使的了你們路上也可以快走了你家太爺的公事也

可以早完了不但這樣再有了這兩個人沿路護送他們都是一氣不怕有一萬個强盜你們只管大搖大擺的走罷這是我給你們打算的萬無一失的一條出路大家只管放心前去不必猶疑說着便從膀子上褪下那張彈弓來雙手遞給安公子又對着張金鳳說道妹妹妹夫當着他二位老人家在此你我今日這番相逢并我今日這番相救是我天生的好事慣了你們倒都不必在意只有這張彈弓是我的家傳至寶我從幼兒用到今日刻不可離如今因我這妹妹面上借給妹夫你千萬不可損壞失落你一到淮安完了老人家的公事之後第一件是我妹妹

的終身大事第二件就是我這張彈弓兒了務必專差一個妥當人送來還我這就是你以德報德了要緊要緊安公子聽一句應一句這其間張姑娘心細聽了這話便問十三妹道姐姐你方纔苦苦的不肯說個實在姓名住處將來給你送這彈弓來便算人人知道有個十三妹姑娘到底向那裡尋你交代這件東西十三妹聽了低頭想了想說有了方纔妹夫他不是說褚一官合他奶公姓華的是至親嗎將來等你家華奶公趕到任上就專他送交褚一官轉交一位鄧九公這鄧九公便是我說的二十八棵紅柳樹住的那位老英雄他還算我的師傅褚一官正是

他的親戚你家華奶公又是褚一官的親戚這樣一交代斷不會錯你我話盡於此送君千里終須一别我也不往下送了你老少四位夫妻前途保重我們就此作别大家熱刺刺的聽了作别二字受恩深處都不覺滴下淚來那張金鳳更哭的哽噎難言忍淚向十三妹説道姐姐你我此一别不知幾特再得見面十三妹道若論我你今生兒得着我也不定見不着我也不定但是萬事都有個定數事由天定豈在人爲説着撒手説聲你們請罷走到樹跟前解下那頭驢兒就待騎上要走忽見安公子阿嚀了一聲雙手把兩腿一拍直跳起來説了不得了這事可不好

了大家嚇了一跳連十三妹也拉着驢兒問他這是爲何安公子急得紫漲了臉說道姐姐且不要走也不必細問我們此時且急急的趕回黑風崗那座能仁寺去再講十三妹道到底是怎麽了不是落下烟袋了安公子連連搖手道不是不是張老夫妻也幫着問他他纔指手畫脚的向大家説道方纔這十三妹姐姐不是在廟裡墻上題那兩行北新水令的詞兒嗎我因見那詞兒的聲調雄壯更兼書法飛舞又排敲雲中相見的這句話不覺出了神正在那裡細看不防姐姐就催着快走我一時大意就隨着大家出來不想把那塊硯台落在那廟裡這便如何是好

十三妹道我只道甚麽大不了事原來就爲這塊硯台能値幾何也値得這等失驚打怪安公子道姐姐你有所不知我這塊硯台非尋常硯台可比這是祖父留下的一塊寳硯祖父臨終交付父親父親半世苦功都在這硯台上面臨起身珍珍重重的賞給我說叫我好好用功對了這硯台就如同對着老人家一般不可違背平日教訓日後到任上還要交還老人家如今失落在這廟裡叫我拿甚麽回老人家的話況且那硯台上的銘跋鐫着老人家的名號你我廟裡又弄了這個未完萬一被人勘破追究起來我當如何走走走我們快快回去大家聽了也道這椿

東西失落不得都沒作理會處十三妹沉吟了半晌說這樁東西誠然不可失落但是眼下我們這一羣人斷斷沒個回去的理這件事你也交給我我此番回家得了空兒本也要看看聽聽那廟裡合地方上的動靜如今我就立刻遶道先到那廟裡從廟後進去把你這塊硯台取了拿到我家給你好好的收着斷不至於失損等你將來專人給我送彈弓來就把那彈弓算個憑據取這硯台我這裡見了彈弓交還硯台那時兩件東西各歸本主豈不是一樁大好事麼安公子還在那裡猶疑張金鳳聽了這句話正打在心坎兒上連忙說道姐姐說的有理就是這等一

能爲定不可再改說着倒催着十三妹快走十三妹便一手帶過那頭驢兒認鐙扳鞍飛身上去加上一鞭回頭向大家說聲請了霎時間電掣星馳不見踪影這正是神龍破壁騰空去天矯雲中没處尋要知後事如何下回書交代